Christiane Lutz

MYTHEN MACHEN KINDER MUTIG

W0075972

Christiane Lutz

MYTHEN MACHEN

KINDER MUTIG

Vom konstruktiven Umgang

mit Aggression und Angst

opus magnum

Bibliografische Informationen der Deutschen Nationalbibliothek
Die Deutsche Nationalbibliothek verzeichnet diese Publikation in der
Deutschen Nationalbibliografie; detaillierte bibliografische Daten sind
im Internet unter http://dnb.d-nb.de abrufbar.

1. Auflage 2010
© 2010 by opus magnum, Stuttgart (www.opus-magnum.de)
Umschlaggestaltung, Grafik und Layout: Dominik Lutz
Titelbild: Vase aus Paestum (Italien) mit Darstellung des Sirenen-
abenteuers des Odysseus, © bpk / Antikensammlung, SMB /
Johannes Laurentius
Herstellung: Book on Demand GmbH, Norderstedt
Alle Rechte vorbehalten.
ISBN 978-3-939322-55-9

INHALT

2. Das Phänomen der Angst

3. Eltern machen Kinder mutig

EINLEITUNG

Ein neuer Ratgeber in Erziehungsfragen? Angesichts der Fülle an Empfehlungen in Erziehungs- und Beziehungsfragen wird die Unsicherheit immer größer und droht in Orientierungslosigkeit zu münden. Der Ruf nach der Supernanny, die in allen Situationen eindeutige und pragmatische Hinweise geben kann, spiegelt die Verunsicherung und gleichzeitige Unfähigkeit, intuitiv das Angemessene zu finden. Parallel dazu sollen immer stärker die Institutionen wie Kindergrippe, Kindergarten und Schule, den Erziehungsauftrag übernehmen, der eigentlich ureigenstes Recht, aber auch Pflicht der Eltern ist. Erziehung ist abgeglitten in ein Intellekt geprägtes Richtig-machen-wollen. Sie hat den Beziehungscharakter, Erziehung als individuelle Begegnung verloren. Im Bemühen um den einzig richtigen Weg ist die Vielfalt der Möglichkeiten verloren gegangen und mit ihr ein kreativ-bildhaftes Denken, das auf den spontanen Einfall bei der Lösung eines Problems vertraut.

Der kopf-gesteuerte Mensch glaubt nicht mehr den überlieferten Bilderwelten, wie wir sie in Märchen und Mythen finden, die gleichnishaft Lebenssituationen erzählen. In der geschilderten Verwicklung bieten sie jedoch immer Entwicklungsimpulse als Lösung und Erlösung aus schwierigen Situationen an. Die Aktualität von Märchen und Mythen spiegelt sich in der Begeisterung der Kinder, die auch im Computerzeitalter ungebrochen ist und in modernen Erzählungen erneut ihr Faszinosum ausstrahlt. In Mythen kann man auch heute noch Lebens- und Entwicklungshilfe finden. Mythen sind nicht allein humanistisches Bildungsgut, sie geben vielmehr archetypische Erfahrungen des Menschseins wieder. In ihren gelegentlich drastischen Bildern vermitteln sie Grundwahrheiten menschlichen Seins: Sie beschreiben die Dualität von Gut und Böse, das Trachten nach Macht und Überlegenheit ebenso wie das Scheitern. Schicksalhafte Verstrickungen, Schuld und Sühne sind zentrale Themen der Mythen. Gleichzeitig wird selbstbewusstes Handeln und listiges Agieren vorgelebt.

Letztlich geht es immer um Grundthemen menschlichen Seins: Um den Umgang mit Angst und Gefahr, um das angemessene Handeln und das Lösen von Problemen. Immer wieder wird gezeigt, dass blinde Aggression kein wirklicher Lösungsweg ist: Gewalt erzeugt wieder Gewalt und damit Angst, die wiederum zu erneuter Gewalt zu verpflichten scheint. So wird aus der Bedrohung eine Drohung gegenüber dem realen oder imaginären Feind.

Mythen entstanden zu einer Zeit, als die Menschen noch überwiegend fühlend erlebten. Der Intellekt als Ausdruck bewussten Trennens und Entscheidens war noch nicht in der heutigen Weise dominant. Das mythische Denken in der vorhomerischen Zeit war durch Einheit charakterisiert. Innerpsychisch ist es vergleichbar mit dem vorgeburtlichen Paradies, der Einheitswirklichkeit von Mutter und Kind.

In dieser Zeit waren Gott und Mensch noch ungeschieden, die Götter verhielten sich menschlich. Menschen strebten nach Gottähnlichkeit, das heißt, dass noch nicht in Polaritäten erlebt, sondern die Gegensätze in einer Einheit empfunden wurden und damit Gott und Mensch, Hell und

Dunkel, Gut und Böse, Angst und Mut, Konflikt und Lösung in Gestalt des Schicksals zu einer Einheit verschmolzen. Aus dieser Sicht ist Goethe zu verstehen, wenn er in der Mythologie „einen unerschöpflichen Reichtum göttlicher und menschlicher Symbole" sieht (zit. nach Dobel, 1968 S.627).

Was verstehen wir unter einem Symbol? (Eschenbach 1978, S.49ff.) Ursprünglich stammt der Begriff aus dem Griechischen [griech. *symballein* zusammenwerfen]. Wenn sich Freunde oder Menschen, die sich nahe verbunden fühlten, trennten, wurde eine Münze in zwei Teile gebrochen. Begegneten sie sich nach Jahren wieder, entstand in der Verbindung der Teile ein Ganzes, Ausdruck des Wiedererkennens im Zusammengehörigen.

Symbole, die Sprache in der sich Mythen ausdrücken, verdeutlichen also eine Ganzheit, die im heutigen Alltag häufig in Teile zerbrochen ist. Das ist nicht Schuld, sondern Folge der Zeit, in der Erkenntnis und die Betonung der Individualität oft den Blick aufs Ganze verstellt haben.

Mythen als Erziehungshelfer ermöglichen, wieder menschliches und göttliches Sein in den Kindern zu entdecken und ihnen mit diesen Geschichten zu helfen, ihr persönliches Leben als individuelle Herausforderung zu begreifen, das aber gleichzeitig im Kontext archetypischer Wirkkräfte steht, die alle Menschen verbindet.

Warum sollen Mythen Hilfestellung geben, Kinder mutig zu machen?

Unsere Zeit in ihrer verwirrenden Vielfalt an Impulsen, Anregungen und Möglichkeiten bietet dem heranwachsenden Menschen eine ungeahnte Bandbreite an Entwicklungswegen an. Es gibt trotz aller berechtigten Unkenrufen ein vielfältiges schulisches Angebot. Auslandskontakte und Globalisierung, selbstverständliche Mehrsprachigkeit, weltweite Kommunikation, Medien und Informationsflut, Bildungsangebote und technokratischer Kenntnisstand, der Einzug der Psychologie in Wirtschaft und wirtschaftliche Unternehmensführung, Werbung und Suggestion – all diese Möglichkeiten rufen genauso viele Ängste auf den Plan wie sie Chancen anbieten: Ängste, den falschen Weg zu gehen, Ängste vor Entscheidungen, die Bisheriges relativieren oder auf den Kopf stellen, Ängste vor Beziehungen, die nur noch für Lebensabschnitte gültig sein können.

Umstrukturierungen, Verluste von materiellen Sicherheiten, Naturkatastrophen als Folgen der Technisierung und Digitalisierung, wachsende persönliche Verantwortung, fehlendes Eingebundensein in Tradition, Sitte, familiäre Zugehörigkeit und Mobilität, all das beunruhigt, ängstigt, verstört.

Wie können diese Ängste, die zu einer drastischen Zunahme der Angstkrankheiten geführt haben, bewältigt werden? Eine Scheinlösung, die immer mehr gerade auch unter Kindern und Jugendlichen Raum greift, ist die Gewalt, mit deren Hilfe man vom befürchteten oder realen Opfer zum Täter wird. Gewalt bannt Angst. Sie hat aber nicht selten genau das im Gefolge, was befürchtet wird: den Verlust an Sicherheit, den Sturz ins äußere und innere Chaos, in Destruktion.

In welcher Weise können Mythen in dieser Verwirrung Orientierung und Hilfestellung geben?

Mythen vermitteln fast holzschnittartig wie man mit sich selbst und mit dem Leben in all seinen Facetten und Aufgabenstellungen zurechtkommen kann. Sie unterstützen den Mut, in allen realen Schwierigkeiten und Belastungen an die eigenen vitalen Kräfte, an die Möglichkeiten des eigenen Ichs zu glauben und sich zuversichtlich dem Leben in seinen hellen und dunklen Seiten zu stellen. Das ist die beste Voraussetzung, um mit dem destruktiven Potenzial der Aggression ebenso umzugehen wie mit den Ängsten davor. Die Mythen schöpfen in Verfolgung dieses Zieles aus dem Reichtum Jahrtausende alter kollektiver Erfahrungen. Sie rufen in jedem Menschen eine persönliche Resonanz hervor, weil sie Kräfte des Unbewussten versinnbildlichen, die in jedem Menschen verborgen liegen. Werden sie einem Menschen, ob Kind oder Erwachsenem, als innerer Reichtum bewusst, geben sie Unterstützung im Umgang mit der eigenen aggressiven Dynamik. Mythen erleichtern die Entfaltung und Gestaltung eines von der Überzeugung unverwechselbaren Wertes getragenen Ich- und Selbstbewusstseins mit dem Ziel, je nach Situation standfest oder flexibel auf die Herausforderung des Lebens einzugehen.

1. DAS PHÄNOMEN DER AGGRESSION

Gewaltbereitschaft zeugt nicht von Mut

Gewalt, das Thema, das in zunehmendem Maße zu einem kollektiven Problem geworden ist, erschüttert und macht betroffen. Es sind nicht nur Terrorismus und Fundamentalismus, die die Vorstellung einer heilen und friedlichen Welt bedrohen, es ist auch die zunehmende Gewaltbereitschaft von Kindern und Jugendlichen. Die Schulen klagen über erhöhte Aggressivität und geringere Frustrationstoleranz. Auseinandersetzungen münden häufiger als früher in eskalierende Gewaltszenen, die nicht selten noch gefilmt werden. Hinzu kommen autodestruktive Verhaltensweisen, Selbst- und Fremdbeschädigung bei gleichzeitiger Verharmlosung. Ehrfurcht vor dem Leben scheint zu schwinden und wir sind erschüttert, betroffen, wenn wieder ein Amoklauf in der Schule entgleiste Aggressivität deutlich macht. Es wird nach Ursachen geforscht, nach präventiven Maßnahmen gerufen und dann geht man wieder zur Tagesordnung über.

Im Bemühen, Gründe für aggressive Durchbruchsreaktionen bei Kindern und Jugendlichen zu finden, spiegelt sich die naive Vorstellung, dass Ursachenforschung mit einigermaßen plausiblen Erklärungsmodellen bereits vor einer Wiederholung schützen könne. Hierbei bietet sich die Sündenbockstrategie als scheinheilige Lösung an. Schuldig gesprochen werden je nachdem Eltern, Erzieher, Schule, eine Ideologie oder Religionszugehörigkeit. Diese eilfertige und gleichzeitig nahezu willkürliche Projektion bietet vereinfachende Lösungsmodelle an und schützt vor Gefühlen der Hilflosigkeit und Angst. Gleichzeitig wird die Illusion genährt, dass diese eruptiv-aggressiven Entladungen, wenn sie in ihrer Kausalität erkannt werden, wieder den Weg zu Harmonie, Frieden und damit Angstfreiheit eröffnen.

Menschliches Verhalten ist jedoch nicht auf ein schlichtes Ursache-Wirkungsprinzip zu reduzieren. Die Komplexität der menschlichen Persönlichkeit, individuelle Wirkfaktoren, Erziehungs- und Umwelteinflüsse – all das verzahnt sich häufig in einer Weise, dass wir nur behutsam forschen und uns nicht vordergründig mit vereinfachenden Erklärungen beruhigen können. Eine solche Haltung dient vor allem den eigenen Wunschvorstellungen. Das Bedürfnis, in einer kleinen, überschaubaren und heilen Welt zu leben, dominiert häufig die Wahrnehmung. Die zunehmenden Schwierigkeiten, mit denen Heranwachsende heute konfrontiert sind, werden damit ausgeblendet, um eine Illusion aufrechtzuerhalten, die weder einer nüchternen Betrachtung noch der allgemeinen Realität entspricht.

Aber diese eigene kleine heile Welt ist inzwischen längst nicht mehr so intakt, wie wir es uns wünschen. Beziehungen gehen in die Brüche: Inzwischen wird bereits jede zweite Ehe geschieden – Tendenz steigend. Die Kinder müssen sich häufig in Patchworkfamilien zurechtfinden. Hinzu kommt, dass nicht erst jetzt, sondern oft bereits vorgeburtlich und in der frühen, prägenden Lebensphase Halt und Sicherheit bedroht sind. Die daraus resultierenden Bindungsstörungen führen häufig viel später zu dramatischen Verhaltensauffälligkeiten. Da gibt es in zunehmendem Maße nicht mehr die lieben und folgsamen Kinder, stattdessen entwickeln sich ‚Tyrannen', die mit ihren Ansprüchen, mit ihrem Oppositionsverhalten, ihren Forderungen und provozierenden Ausbrüchen tägliche Kämpfe inszenieren. Diese werden mit einer gnadenlosen Zermürbungsstrategie geführt und machen die konflikt-scheuen Eltern zu Verlierern.

Kinder und Jugendliche werden im Gegenzug von Eltern und Erziehern zunehmend als aggressiv, rücksichtslos, egoistisch und anspruchsvoll beschrieben. Sie seien brutal in der Durchsetzung ihrer Wünsche und Interessen, gnadenlos in der Verweigerung von Aufgaben und Pflich-ten. Sie kennten keine Einfühlung, seien auf ihren Vorteil bedacht, dabei gleichzeitig unfreundlich, missgelaunt oder depressiv. Die Befriedigung ihrer Bedürfnisse neh-men sie als selbstverständlich hin. Wenn es um Leistungs-forderungen kleinster Art ginge, gefielen sie sich in einer pathologischen Verweigerungshaltung. Gleichzeitig seien sie nicht in der Lage, mit kleinsten Frustrationen um-zugehen, hingegen maß- und grenzenlos, wenn sie die Bringschuld der Erwachsenen einklagten. Die Konsum-orientierung sei auch an der Unersättlichkeit hinsichtlich von Fernsehen, Video und Computerspielen ablesbar. Die Gemütsverarmung und Abgebrühtheit seien er-schreckend. Horror- und Gewaltszenen würden sie nicht berühren, emotionale Erschütterung sei lächerlich, Grau-samkeiten werden verharmlost oder als Mittel, Spannung zu erzeugen, ausdrücklich bejaht.

In hoch gehandelter Coolness ist man schon als 13-Jähriger Meister. Sexualität, das Vorrecht der Erwachsenen, gehört bereits zu den selbstverständlichen ‚Konsumgütern'.

Verrohen unsere Kinder? Sind sie weniger von Werten erfüllt, geht soziale Kompetenz verloren, zählen Egoismus und harter Existenzkampf nach dem Modell des Stärkeren mehr als Mitmenschlichkeit? Ist aggressive Selbstinszenierung mehr wert als Einfühlung in den anderen, ist Mobbing legitimes Mittel der Selbstbehauptung und brutale Gewalt als Ausdruck des Rechtes des Stärkeren eine notwendige Überlebensstrategie?

Liegen die Ursachen in der Anlage, sind sie hirnorganisch bereits festgelegt oder Antwort auf ein für Kinder und Jugendliche undurchschaubares Erzieherverhalten? Sind es tatsächlich die Medien, die einen empfindungslosen Massenmenschen formen, oder ist Aggression ein Versuch, mit einer zunehmend ängstigenden Welt bestmöglich zurechtzukommen?

Ist hinter aggressiven Manifestationen ursächlich eine existenzielle Angst zu suchen, die in maßlos übersteigerter Form für die Heranwachsenden so bedrohlich ist, dass aus der bedrohten Jugend eine drohende wird? Damit wäre eine Zunahme der Gewalt immer auch Ausdruck zunehmender Ängste. Je dramatischer sich die aggressive Abwehr gestaltet, desto chaotischer und immer weniger beherrschbar dürften diese Ängste sein. Aber Angst zu zeigen, ist nicht nur uncool, sondern steigert in einer Spiralbewegung die Angst vor der Angst. Kinder und Jugendliche drohen zu unfähigen Mitgliedern der Gesellschaft abgestempelt zu werden. Ist man nicht gezwungen, sich schon vorsorglich aggressiv vor dieser Entwertung zu schützen und gerade dadurch zu dem zu werden?

Der Begriff der Aggression

Aggression ist eine Verhaltensweise, die wir zumeist mit negativer Akzentsetzung betrachten. Wie oft hören schon kleine Kinder die Ermahnung: „Sei doch nicht so aggressiv!", sodass selbst Kindergartenkinder bereits das Wort kennen und das Wissen verinnerlicht haben, dass damit ein nicht geschätztes, wenn nicht gar ‚böses' Verhalten gemeint ist.

Es wird häufig übersehen, dass sich Aggression vom lateinischen Wortstamm *adgredi* (an etwas herangehen) ableitet, was zunächst in einer eher wertneutralen Art jene aktive, dynamische Kraft meint, die jedem Menschen innewohnt und ihn dazu veranlasst, etwas in „Angriff zu nehmen" und sich mit etwas ‚auseinanderzusetzen'. Vor diesem Hintergrund symbolisiert Aggression zunächst einmal nur diesen vitalen Impuls, aktiv zu sein, den Mut zur Progression, der das eigene Leben handelnd gestalten will und nicht etwas „geregelt kriegt". Jene Dynamik ist in ihrer kraftvollen Eigenart dem Leben positiv zugewandt, sie ist in der Regel Träger intensiver Emotionen, die in ihrer Ausformung als Eigeninitiative, Selbstständigkeit und Selbsttätigkeit, als Fantasie und Mut zu Einfällen für Eltern ein wichtiges Erziehungsziel sind. Gerade auch Autonomie und Kreativität, die heute mehr denn je notwendig sind, um sich in einer Welt ständigen Wechsels zu behaupten und durchzusetzen, gehören zu dieser vitalen Dynamik des Themenkreises Aggression.

Wird den Kindern vermittelt, dass Aggression etwas ausschließlich Negatives, Destruktives ist, sind diese gezwungen, ebenfalls die positiven Aspekte dieser dynamischen

Kraft abzulehnen und zu verdrängen. Dies fördert unweigerlich die Entwicklung eines passiven Charakters, eines selbstunsicheren, ängstlichen bzw. überangepassten Menschen, dem die nötige psychische Flexibilität fehlt, um sich mit den Aufgaben seines persönlichen Lebens aktiv handelnd auseinanderzusetzen.

Der negative Aspekt der Aggression, der gesellschaftlich immer häufiger diskutiert wird, tritt in zunehmendem Maß bei Kindern und Jugendlichen als Neigung zur Destruktion, als Lust an der Zerstörung von Objekten, aber auch als Rücksichtslosigkeit gegenüber Menschen auf. Ist der positive Aspekt der Aggression dem Leben zugewandt, begegnen wir in den geschilderten Erscheinungsformen dem Thema Vernichtung. Zu diesem Komplex gehören alle Demonstrationen von Gewalt und Gewalttätigkeit, Zerstörungsfreude und -wut, aber auch Emotionen und Verhaltensweisen, die sich in Macht und Geltungssucht äußern, im Bedürfnis, andere dem eigenen Willen gefügig zu machen und sie zu manipulieren. Aggressives Verhalten ist aus dieser Sicht eine maßlose Übersteigerung des Autonomiebedürfnisses in Willkür, ein Verhalten, das das Recht auf persönliche Freiheit missbraucht und damit die Würde und Eigenständigkeit des anderen verletzt.

Aggression zeigt sich in dieser Negativperspektive in vielfältiger Form, in Ärger, Neid, Eifersucht, Rivalität, Macht- und Geltungsstreben, Zorn, Wut, Hass und sogar in der Depression.

Formen der Aggression

Ärger

Die mildeste Form dieser Art aggressiver Emotionen, das Gefühl des Ärgers, entsteht angesichts von Einschränkungen, die als Behinderung des eigenen Wollens, der freien Entschlusskraft gesehen werden. Es ist die „Tücke des Objekts", die zur Zumutung wird und negative Emotionen weckt.

Ärger erleben heißt, Gefühle zuzulassen, die unfreundliche Abgrenzung verlangen. Man fühlt sich gekränkt und lebt diese Kränkung aus. Das ist zur Aufrechterhaltung seelischer Gesundheit wichtig, um nicht an der Kränkung zu erkranken. Die Umwelt hätte allerdings zumeist lieber ein sonniges Gesicht, freundliche Anpassung und die Verleugnung des Ärgers nach dem Motto: „Das macht doch nichts!" – „Das ist mir egal..."

Wenn wir zu einem konstruktiven Umgang mit Ärger ermutigen, dann muss das Kind erleben, dass schlechte Laune und Verärgerung berechtigt sind, selbst wenn der Grund dafür nicht benannt werden kann. Am besten lernt es das am Vorbild der Eltern. Das soll kein Freibrief für Erwachsene sein, schlechte Laune hemmungslos auszuleben, sondern die eigenen negativen Stimmungen in Worte zu fassen. So kann sich ein bewussterer und damit positiver Umgang mit negativen Emotionen einstellen, ohne dass Schuldzuweisungen und Schuldgefühle entstehen. Hilfreich ist es immer, Kindern emotionale Wirklichkeiten über Bilder zu verdeutlichen: Wolkige, graue Tage gehören zur Natur ebenso wie zum menschlichen Erleben. Aber sie werden auch immer wieder von sonnigen Stunden abgelöst. Dies kann sich umso schneller vollziehen, wenn aggressive Gereiztheit nicht zum Vorwurf gemacht oder als Beweis eines schlechten Charakters eingestuft wird.

Mythos: *Odysseus im Land der Lotophagen*
Odysseus war ein berühmter Held und kämpfte mit anderen griechischen Fürsten zehn Jahre vor Troja, um diese Stadt einzunehmen. Er war sehr tapfer, aber noch bekannter wurde er durch seine listigen Ratschläge und seine Beredsamkeit. Nach der Eroberung Trojas machte er sich mit seinen Gefährten auf eine zehn Jahre dauernde Heimfahrt. Hierbei mußten sie eine Vielzahl dramatischer Abenteuer bestehen.
Die Schiffe des Odysseus wurden von heftigen Stürmen mehrere Tage umhergetrieben. Schließlich erreichten sie die Südspitze des Peloponnes. Dort gerieten sie jedoch in einen Nordwind, der sie neun Tage lang vor sich hertrieb. Schließlich erreichten sie ein fernes Land an der Küste von Libyen. Odysseus sandte drei Kundschafter ins Landesinnere, die jedoch nicht zurückkehrten. Als Odysseus nachforschte, entdeckte er, dass sie ins Land der Lotophagen gekommen waren. Diese waren ein friedliches Volk und dem Genuss des Lotos ergeben. Hierdurch verloren sie den Ehrgeiz, irgendetwas Anspruchsvolles zu tun. Die Kundschafter des Helden hatten ihrerseits von der Frucht gegessen, hatten ihren Auftrag vergessen und waren zufrieden, ihre Tage mit Nichtstun und dem Verzehr des Lotos zu verbringen. Odysseus ärgerte sich über ihre Passivität, die fehlende Bereitschaft, sich mit ihrem Leben aktiv auseinander zu setzen und brachte sie mit Gewalt wieder aufs Schiff.

Was kann dieser Mythos Kindern vermitteln?
Zum einen wird deutlich, wie angenehm ein Leben in Passivität und Konsumorientierung ist. Die Zumutung, aktiv zu

sein, bedeutete für die Gefährten des Odysseus, sich den Gefahren einer mühseligen Heimfahrt auszusetzen, Gefahren, die immer wieder bedrohlich, wenn nicht sogar tödlich endeten. Das Verharren im Genuss, in einem leichten Leben, das vor Schwierigkeiten bewahrt und nur die angenehmen Seiten des Lebens zu vermitteln scheint, ist sehr verführerisch und gleicht einer Situation, die laut Zeitungsbericht (Stuttgarter Zeitung vom 23.05.08) in zunehmendem Maße von jungen Erwachsenen genutzt wird: Die Nesthocker im Hotel Mama. [...] "Ich bin nicht der Typ, der von daheim weg will. Es ist gemütlich hier und schön [...] und meine Mutter schmeißt den Haushalt [...]" (24-jähriger Student).

Der Ärger des Odysseus ist Ausdruck einer Sorge, dass die Gefährten in kindlichem Versorgungsbedürfnis auf eine progressive Lebenseinstellung verzichten. Sie wählen die Abhängigkeit statt autonome Schritte zu machen. Aber so stagniert Entwicklung.

Auch Kinder brauchen, ähnlich wie die Männer des Odysseus, über den Ausdruck des Ärgers den heilsamen Anstoß, aktiv das Leben zu erforschen und sich Schwierigkeiten zu stellen. Nur über Aktivität, den Mut zum Wagnis, können sie die positive Erfahrung machen, sich selbst zu helfen und damit Unabhängigkeit und Freiheit in der Lebensführung gewinnen.

Neid, Eifersucht und Rivalität

Gesteigerte aggressive Gefühle sind Neid, Eifersucht und Rivalität, die schon bei kleinen Kindern zu beobachten sind.

Neid signalisiert das subjektive Erleben der Benachteiligung. Die Wurzel hierfür ist zumeist in der frühen Kindheit zu suchen. Es sind häufig die ältesten Kinder, die, von nachfolgenden Geschwistern entthront, zu Verzicht und sozialem Denken verpflichtet werden, Verhaltensweisen, zu denen sie eigentlich aufgrund ihres Alters noch nicht in der Lage sind. Der Neid auf scheinbar oder tatsächlich bevorzugte Geschwister verselbstständigt sich im Laufe der Jahre und mündet oft in die aggressiv oder depressiv getönte Empfindung, im Leben zu kurz zu kommen, immer die Verliererkarte zu ziehen. Diese Menschen neigen dazu, sich immer mit privilegierteren, reicheren, glücklicheren zu vergleichen und können das, was sie tatsächlich haben, nicht wirklich wertschätzen.

Aber nicht nur der Neider ist in seiner Haltung aggressiv, auch der Beneidete kann seine Überlegenheit aggressiv auskosten:

Die vierjährige Lena ist mit ihrer Mutter unterwegs, während die zwei Jahre ältere Nina ihre Therapiestunde hat. Beim Abholen zeigt Lena der Schwester triumphierend ihr Eis und sagt: „Schau mal, was ich gekriegt habe und du nicht!" Zum Glück hatte die Mutter eine eskalierende Auseinandersetzung geahnt und konnte die wütende Nina mit ebenfalls einem Eis halbwegs beruhigen. Im Gespräch meinte sie allerdings: „Eigentlich wollte ich Nina auf ihr Privileg, eine Therapiestunde zu haben, hinweisen und das sogar als höhere Wertigkeit darstellen, aber dann konnte ich es doch nicht übers Herz bringen [...] Ein Eis ist doch etwas Habhafteres und ich hatte natürlich auch Angst vor einer dieser dramatischen Neidszenen, die ohnehin zwischen den beiden an der Tagesordnung sind."

„Eifersucht ist eine Leidenschaft, die mit Eifer sucht, was Leiden schafft" (Grillparzer 1960-65, S.398). Dieses Ge-

24

fühl wurzelt in der Regel in Unterlegenheits- oder Minderwertigkeitsgefühlen. Eifersucht bezieht sich zumeist auf Menschen, die irrigerweise unter dem Besitzaspekt eingeordnet werden: Die Vorstellung, einen Menschen zu haben, scheint ein eingeschränktes Selbstwertgefühl ausgleichen zu können. Daraus erklären sich die vielfältigen Eifersuchtsdramen, die als abgrundtiefe Verzweiflung oder maßlose Wut durchbrechen, wenn dieser angestammte Besitz verloren zu gehen droht. Bei Kindern ist der Wunsch nach ausschließlicher Verbundenheit – in der Regel mit der Mutter – die zentrale Triebfeder für Eifersucht, für das Gefühl, weniger wert zu sein, Liebe teilen zu müssen oder im Schatten eines Geschwisters zu stehen.

Eine Mutter berichtete: *„Als ich mit meiner kleinen dreijährigen Tochter Ida schmuste, bezeichnete ich sie als mein ‚Engelchen‘. Meine fünfjährige Tochter Leila stand daneben und sagte leise: „Zwei Engelchen“.“*

Eifersucht muss sich demnach nicht lautstark äußern, um ernst genommen und im dahinter stehenden Leid verstanden zu werden.

Rivalität schließlich leitet sich ab vom Lateinischen *rivalis* {die am gleichen Ufer sitzen (und fischen)}. Diese Emotion ist die reifste unter den genannten dreien, denn ein Kind, das mit anderen rivalisiert, hat sich vom mütterlichen Objekt ein Stück weit gelöst und versucht, unabhängig von ihm, seine Kräfte mit anderen zu messen, was ein Hinweis auf Ich-Bewusstsein und wachsende Ich-Stärke sein kann. Auf diesem Hintergrund erlebt das Kind in seiner Fähigkeit zur Rivalität ein Stück Eigenständigkeit, Autonomie und Unabhängigkeit ebenso wie den Stolz auf die eigene Leistung.

Vergleichen wir diese aggressiv gefärbten Verhaltensmuster, so weisen Neid und Eifersucht in den frühkindlichen Raum. In dieser Phase erlebt sich das Kind noch vollkommen abhängig von der Zuwendung des Umfeldes, die positive Resonanz ist entscheidende Voraussetzung für die Entwicklung von Selbstbewusstsein. In dieser Zeit des Angewiesenseins auf die Erwachsenen wird aus der existenziellen Bedürftigkeit heraus sehr kritisch beobachtet, welches der Geschwister, welches Kind im Kindergarten bevorzugt wird, mehr Akzeptanz und Aufmerksamkeit erhält. Weil bezogene Wahrnehmung Voraussetzung für ein tragendes Ich- und Selbstgefühl ist, können Kinder nur schwer eine dauerhafte Zurücksetzung verkraften, selbst wenn sie nur subjektiv als solche erlebt wird. Ein rivalisierendes Kind kann sich dagegen bereits in einer gewissen Unabhängigkeit von der bestätigenden Wahrnehmung des Erwachsenen abgrenzen, kann seine Leistung mit Stolz für sich verbuchen. Es braucht jedoch parallel immer die Erfahrung, dass Leistung und der Wert der eigenen Person nicht voneinander abhängig sind.

Hier entstehen häufig, verstärkt durchs Elternhaus, für das Kind frühe, belastende Konfliktfelder: Bereits die Entwicklungsdaten der frühen Kindheit fordern nicht wenige Mütter zum rivalisierenden Machtkampf heraus. Frühe Erfolge in der Entwicklung der Motorik, frühes Sprechen, verfrühte Reinlichkeitserziehung, all das scheint Ausdruck einer besonderen Begabung zu sein und wird auf dem Spielplatz verhandelt, während kritisch beobachtet wird, welches der Kinder sich im rivalisierenden Machtkampf um Eimer, Schaufel und Hacke am besten durchsetzen kann. Diese Kinder fallen häufig bereits im Kindergarten durch mangelnde Solidarität auf. Es fehlt ihnen an angemessenem Mitgefühl und sozialer Kompetenz. Stattdessen ist Durchsetzung auf Kosten anderer erklärtes Ziel. Dies setzt sich im Schulalter meist in gesteigerter Rücksichtslosigkeit fort. Im anderen wird bereits jetzt der Konkurrent hinsichtlich eines Studienplatzes gewittert. Dass hier Eltern und ihre soziale Haltung eine prägende Rolle spielen, sei nur am Rande erwähnt.

Eine Bündelung dieser drei Formen aggressiven Erlebens und Verhaltens spiegelt folgender Mythos wider:

Mythos: *Urteil des Paris*

Während der Hochzeit der Meeresgöttin Thetis mit Peleus, einem Sterblichen, warf die eifersüchtige Göttin Eris (Streit), die nicht eingeladen worden war, einen goldenen Apfel mitten unter die Gäste. Darauf stand: „Für die Schönste". Diesen Titel beanspruchten sowohl die Göttermutter Hera, Athene, die streitbare Tochter des Göttervaters Zeus, und Aphrodite, die schaumgeborene Göttin der Liebe. Zeus, der rivalisierenden Streit unter den Göttinnen vermeiden wollte, schlug vor, Paris, den Sohn des Priamos, des Königs von Troja, zum Richter zu wählen. Dieser hütete seine Herden auf dem Berg Ida. Die Bewerberinnen begannen sogleich, Paris zu bestechen, um von ihm den Apfel zuerkannt zu bekommen: Hera versprach ihm Macht als Herrscher der Welt, Athene schwor, ihn zum siegreichsten Helden in kriegerischen Auseinandersetzungen zu machen und Aphrodite schließlich sicherte ihm die Liebe der schönsten Frau der Welt zu. Jene war Helena, die Frau des griechischen Königs von Sparta, Menelaos. Paris zögerte keinen Augenblick, Aphrodite den Apfel zuzusprechen, eine Entscheidung, die den verhängnisvollen Kampf um Troja zur Folge haben sollte. Die verschmähten Göttinnen Hera und Athene schworen glühende Rache und unterstützten darum die Griechen im Kampf um Troja.

Der Mythos kann Kindern verdeutlichen, dass Neid, Eifersucht und Rivalität häufig kleine Anlässe haben und zumeist mit Selbstunsicherheit und Minderwertigkeitsgefühlen verbunden sind. Warum machen sich die Göttinnen abhängig vom Richterspruch eines Menschen? Warum vertrauen sie nicht auf ihre eigene Stärke und Überlegenheit? Und auf der anderen Seite: wenn sie in Solidarität ihre sich zwar unterscheidenden, aber letztlich gleich wertvollen Fähigkeiten anerkannt hätten, wie viel Leid, wie viel Schmerz hätte vermieden werden können. Denn der zehn-jährige Kampf um Troja kostete unendlich viele Menschenleben und endete mit dem Untergang dieser bedeutenden Stadt. Kleine Ursachen, große Folgen. Auch im biblischen Mythos von Kain und Abel (Die Bibel, 1. Mo, 4) zeigt sich die verhängnisvolle Eskalation von Neid, Eifersucht und Rivalität. Die Gefahr beim Auftauchen dieser Gefühle besteht immer darin, dass sie sich verselbstständigen und dann maß- und grenzenlos das Ich in seinen Steuerungsmöglichkeiten förmlich überfluten. So entstehen verhängnisvolle Konsequenzen, die weder gewollt noch geplant sind.

Macht- und Geltungsstreben

Eine weitere Sprosse auf der aggressiven Stufenleiter bildet das Macht- und Geltungsstreben. Kinder versuchen sich mit diesen Haltungen in den Mittelpunkt zu stellen, sie haben das Bedürfnis, zu dominieren und überlegen zu sein. Wenn dieser überhöhte Anspruch nach Überlegenheit besteht, kann man davon ausgehen, dass das Ich des Täters nicht so stabil steht, als dass es auf einen künstlichen Sockel verzichten könnte. Ein überzogener Geltungsanspruch ist häufig Kompensation subjektiv erlebter Ohnmacht, kann jedoch gleichzeitig auch Kopie eines seitens der Eltern ausgeübten Erziehungsstiles sein. Eine solche Interaktion kann auch gelernt werden, wenn sich die Eltern überwiegend gewährend als Diener des kindlichen Willens antragen und so zunehmend kleine Tyrannen züchten.

Macht- und Geltungsstreben braucht immer ein Gegenüber, das auf dieses Bedürfnis eingeht und sich manipulieren lässt. Auseinandersetzungen in der Schule müssen darum immer unter dem Aspekt der sich bedingenden Polarität gesehen werden. Hier gewinnt das Problem des Mobbens eine zusätzliche Dimension des Verstehens: Man kann nur da quälen, wo ein anderer sich quälen lässt, nur da herrschen, wo ein anderer beherrscht werden will. Der Ausspruch aus der Friedensbewegung ist bezeichnend: „Stell dir vor, es ist Krieg und niemand geht hin" (Die Zeit 2004).

Macht- und Geltungsstreben spielt in der Erwachsenenwelt eine zentrale Rolle. Aus diesem Grund ist es sinnvoll und stärkt die kindliche Persönlichkeit, wenn es am Fremdbeispiel des Erwachsenen sehen kann, dass auch diese nicht vollkommen sind und sich mit ähnlichen Gefühlen herumschlagen.

Mythos: *Agamemnon und Iphigenie*
Die schöne Helena, die Aphrodite dem Königssohn Paris als Preis dafür versprochen hatte, dass er ihr die Würde als Schönste zuerkannt hatte, war mit dem griechischen Fürsten Menelaos verheiratet. Paris raubte sie und brachte sie nach Troja an den Hof seines Vaters Priamos. Der Bruder Menelaos', Agamemnon, rustete ein großes

Heer, um die Schmach zu rächen und Helena zurück zu holen. Die große Flotte unter der Führung der edelsten Helden Griechenlands lag vor Aulis, bereit, gegen Troja auszufahren. Da vermaß sich Agamemnon, im Jagen geschickter zu sein als Artemis, die Göttin der Jagd. Die gekränkte Göttin schickte eine Flaute, so dass die Schiffe nicht auslaufen konnten. Der Seher Kalchas verkündete schließlich, dass nur die Opferung der ältesten Tochter Agamemnons, Iphigenie, die erzürnte Göttin besänftigen könnte, so dass günstige Winde die Ausfahrt der Schiffe erlauben würden. Unter der Vorspiegelung, Iphigenie sollte den Helden Achill heiraten wurde Iphigenie nach Aulis gebracht und der Göttin geopfert. Im letzten Augenblick entrückte jene zwar das Mädchen und machte sie zur Priesterin in Kolchis, doch Klytaimnestra, die Frau Agamemnons, schenkte der wundersamen Rettung keinen Glauben. Sie hasste ihren Mann vielmehr unversöhnlich für sein Macht- und Geltungsstreben, mit dem er sich über alle väterlichen Gefühle hinweg gesetzt hatte.

Was vermittelt diese alte Geschichte?

Macht- und Geltungsstreben können sich so rücksichtslos gebärden, dass über alle Gefühle von Sitte, Anstand und Moral, vor allem aber von Liebe, hinweggegangen wird. Zunächst zeigte Agamemnon bereits im anmaßenden Wettbewerb mit der Göttin eine Haltung, die menschliche Grenzen missachtete. Ähnlich wie beim Märchen „Vom Fischer und seiner Frau" kennzeichnet das Machtstreben die Sucht, gottähnlich sein zu wollen. Diese Überschreitung der gegebenen menschlichen Grenzen führt im Mythos zu einer Bewegungsunfähigkeit im weitesten Sinne: Die Egozentrik des Agamemnon macht sein Herz kalt und unbewegt. Im äußeren Bild zeigt sich dieser Gemütszustand in der vollkommenen Windstille, sodass ein Aus-

30

fahren der Flotte unmöglich ist. Und nun schließen sich, als Folge der Anmaßung, Vertrauensmissbrauch, Trennung und Verlust als persönliche Tragödie Iphigenies und einer liebenden Mutter an. Agamemnon kann zwar jetzt seinen Machtgelüsten nachgehen und Krieg führen, sein Verrat gegenüber liebenden Gefühlen kostet ihn jedoch die Liebe seiner Frau und bahnt eine Familientragödie an.

Das Bedürfnis, anderen überlegen zu sein, ist meist mit Rücksichtslosigkeit gepaart. Dies wird deutlich, indem Agamemnon keinen Augenblick fragt, wie es seiner Frau mit seiner Entscheidung geht. Bei ihm dominiert sein Wunsch, sein Wille. Damit werden beim Gegenüber im Gegenzug genauso aggressive Gefühle geweckt, die nicht selten in einem destruktiven Machtkampf enden. Es gibt dabei nur noch Verlierer, in der drastischen Sprache des Mythos, nur Tote. So können Kinder sowohl die Lieblosigkeit wie die Sinnlosigkeit des Macht- und Geltungsanspruchs erkennen, ohne dass es notwendig ist, ihnen lange moralische Vorhaltungen zu machen.

Zorn

Zorn ist eine weitere Möglichkeit aggressiven Verhaltens. Man spricht auch vom heiligen Zorn und denkt dabei gern an Moses, der die Tafel mit den zehn Geboten entrüstet zerschmetterte, als er des Tanzes um das Goldene Kalb ansichtig wurde (Die Bibel, 2. Mo, 2/19), d. h. als er sich, seine Sendung und seine gesamten Anstrengungen missachtet sah.

Kinder können dieses Gefühl im Wesentlichen dann entwickeln, wenn sie in Schwellensituationen wiederholt erleben, dass die notwendige Selbstbehauptung massiv mit rücksichtsloser Fremdbestimmung kollidiert. Zorn ist ein Gefühl, das immer dann auftritt, wenn seitens des Umfeldes Grenzen des Taktes, des Respekts und der Anerkennung wichtiger Werte überschritten werden und sich nicht selten Anmaßung und Unbewusstheit breitmachen. Beim Kind werden diese Gefühle vor allem durch ironische, zynische oder sarkastische Bemerkungen ausgelöst, Äußerungen, die das Kind in ihrer entwertenden Qualität wahrnimmt ohne etwas dagegen setzen zu können. Aus der Sicht des Kindes hat der Zorn damit eine durchaus berechtigte Funktion. Er unterstreicht ein Fehlverhalten der Umwelt, ist hilflose und gelegentlich auch verzweifelte Gegenwehr und möchte letztlich auf grenzüberschreitendes Verhalten des Gegenübers lautstark aufmerksam machen.

Mythos: *Orest und die Erynnien*

Orest war Sohn des Fürsten Agamemnon von Mykene und seiner Frau Klytaimnestra. Als Agamemnon nach zehnjähriger Abwesenheit aufgrund des Krieges um Troja wieder nach Hause zurückkehrte, fand er seine Frau mit ihrem Geliebten Ägisth vor. Mit ihm hatte sie während seiner Abwesenheit die Regierungsgeschäfte gut und zuverlässig übernommen. Agamemnon glaubte, dass er nach seiner Rückkehr die alte Machtposition im Königreich einnehmen und seine Frau widerspruchslos zurücktreten würde. Er vergaß dabei, dass Klytaimnestra bereits wegen der Opferung der Tochter Iphigenie unendlich verletzt und zornig war. Hinzu kam, dass sie in über zehn Jahren die notwendige Autonomie gelernt hatte, sich zu behaupten und durchzusetzen und nicht gewillt war, sich erneut dem Mann zu unterwerfen. In ihrem Zorn erschlug sie Agamemnon im Bade. Orest erhielt von Apollon das Orakel, den Mord zu sühnen und tötete die Mutter und ihren Geliebten. Auch wenn die Tat im Auftrag des Gottes gewissermaßen in heiligem Zorn erfolgte, quälten die Erynnien, die Rachegöttinnen, Orest und trieben ihn in den Wahnsinn. In seiner Verzweiflung floh Orest mit seinem getreuen Freund Pylades nach Tauris. Dort war die entrückte Schwester Iphigenie Priesterin im Tempel der Artemis. Jetzt konnte sich Entsühnung vollziehen und die Rachegöttinnen wandelten sich zu schützenden Eumeniden.

Was kann der Mythos Kindern sagen?

Zorn ist zunächst eine Gefühlssituation, die immer dann entsteht, wenn ein Mensch das Gefühl hat, in seiner Würde und dem, was er als Wert vertritt, nicht ausreichend geschätzt und gewürdigt zu werden. Kinder lernen vor diesem Hintergrund zunächst, dass es wichtig ist, mit anderen Menschen tolerant und großzügig umzugehen. Es scheint so naheliegend, Menschen nach dem eigenen, häufig sehr selbstbezogenen Standpunkt zu beurteilen. Die Entwertung des anderen, weil er den eigenen Standpunkt nicht teilt – dazu kann auch Geringschätzung des anderen Geschlechts gehören – löst aggressive Empfindungen aus. Diese drohen, in rasch eskalierendem und dann in ‚heiligem', das heißt berechtigtem Zorn, weit über das Ziel hinauszuschießen und Leid zu bereiten, wo Akzeptanz und die Bereitschaft zu einem konstruktiven Kompromiss die bessere Lösung wäre. Für Erwachsene und Erzieher gilt, dass Kinder, wenn sie sich in die Enge getrieben fühlen, wenn sie sich in ihren Wertvorstellungen nicht gesehen und verstanden fühlen, schnell Zornausbrüche haben, die letztlich ihre Hilflosigkeit unterstreichen. Vorwürfe und Strafen lösen Schuldgefühle aus, vergleichbar den verfolgenden Rachegöttinen im Mythos.

Wut

Aggressive Gefühle eskalieren oft dramatisch in einem Wutanfall. Wut ist, im Gegensatz zum Zorn, nicht mehr vom Ich zu steuern, sondern entlädt sich in einem Affektdurchbruch, einem Vulkanausbruch vergleichbar. Das Kind scheint zum Feuer speienden Stier zu werden und ist mit keinerlei vernünftiger Argumentation zu erreichen. Seine Wut kann blind zerstörerisch sein und kennt keine gesetzten Grenzen, weder durch eine eigene selbstkritische Instanz noch durch erzieherische Maßnahmen. Wut schwappt wie eine heiße Welle über das Kind, bringt es in einen Zustand des Außer-Sich-Seins, sodass ihm sein Tun und die Folgen in diesem Augenblick nicht bewusst zu machen sind.Wut muss zunächst sein dürfen, denn pädagogisch gesehen nützt eine kalte Dusche nur vordergründig. Wut sollte in ihrer Ursächlichkeit erkannt und verstanden werden, erst dann kann ein Kind lernen, mit ihr als vitaler Kraft angst- und schuldfrei umzugehen.

Mythos: *Hera und Hephaistos*
Hera, die Göttermutter, Frau des obersten Gottes Zeus, war mit ihrem Mann zerstritten. Daraufhin gebar sie aus eigener Kraft einen Sohn, Hephaistos. Da dieser jedoch lahm war, warf sie ihn voll Wut vom Himmel herab. Das Kind fiel ins Meer und wurde dort von der Meeresgöttin Thetis aufgenommen und liebevoll in einer Höhle betreut, ohne dass Hera davon wusste. Hephaistos wurde ein kunstfertiger Schmied und außergewöhnlicher Künstler. In Beantwortung der mütterlichen Wut schickte er ihr einen wunderbaren goldenen Thron. Als sie sich darauf setzte, kam sie nicht mehr davon los. In einer anderen Version schickt er ihr ein paar Sandalen aus hartem Stein, die bewirkten, dass

sie schmählich auf dem Kopf zu stehen kam. Die Götter baten den wütenden Künstler, in den Olymp zurückzukehren, aber erst mithilfe einer List des Gottes Dionysos – er machte Hephaistos betrunken – gelang die Rückkehr und damit auch die Erlösung der Muttergöttin.

Dieser Mythos spiegelt den Kindern eine menschliche Realität: Wie oft geschieht es, dass die Mütter im Affekt das Kind mit dem Bade ausschütten, auf Unerhörtheiten mit Wut reagieren und die Kinder mit Liebesentzug bestrafen! Vielen Eltern ist die Notwendigkeit, Person und Verhalten beim Kind zu trennen, nicht ausreichend bewusst. Die Folge ist, dass das Kind die Wut als ein Verstoßen aus dem Paradies der Liebe erlebt. Im Gegenzug antwortet es dann mit einer ähnlichen Wut, die eine Versöhnung fast unmöglich macht. Wut ist häufig Ausdruck einer Enttäuschung innerhalb einer hochgesteckten Erwartungshaltung. Dies betrifft Eltern genauso wie Kinder. Ein Beispiel mag das erläutern: *Der vierjährige Sascha saß auf dem Fußboden im Kinderzimmer, um ihn verstreut seine kleinen Autos, Bausteine, die Holzeisenbahn und die Kugelbahn. Mit ausladenden Bewegungen malte er hingebungsvoll auf einem großen Papier Kreise, Kugeln, Bälle. Die Mutter rief wiederholt nach ihm. Als keine Antwort erfolgte, stürzte sie mit einem vorwurfsvollen Redeschwall in sein Zimmer. Angesichts des Chaos' geriet sie noch mehr außer sich, schimpfte und verlangte sofortiges Aufräumen. Sascha, aus seiner Versunkenheit herausgerissen, konnte den Ausbruch der Mutter nicht verstehen. Für ihn und seine Bedürfnisse war das ‚Chaos' Ausdruck kreativer Möglichkeiten, es repräsentierte die Fülle des Lebens. Außerdem machte er ja mit seinen Kreisen, die gerade zu Luftballons geworden waren, eine große Reise um die Welt. Seinerseits außer sich warf er die Wachskreiden durchs Zimmer, es folgten Bausteine und in wachsendem Zorn alles, was auf dem Boden lag, gleichgültig, ob es die Mutter, die Wände die Fensterscheiben traf. Seine Wertvorstellungen, seine Welt war lieblos, verständnislos gestört und zerstört worden. Die Mutter schrie nun ihrerseits vermehrt angesichts seines wilden Agierens, um ihn „zur Vernunft" zu bringen. Schließlich brach Sascha in untröstliches Weinen aus. Die Mutter war verzweifelt, hilflos, sie hatte doch nur ihre Werte des Gehorsams und der Ordnung verwirklichen wollen…*

Wird die Wut erkannt und verstanden, d. h. mit einer möglichen Realität in Beziehung gebracht, kann die Enttäuschungswut mit ihren möglichen destruktiven Handlungen relativiert werden. So entwickelt sich Akzeptanz im So-Sein bei Eltern und Kindern. Möglichkeiten und Grenzen können realistisch eingeschätzt werden. Die Beteiligten werden sich in ihren Verhaltensweisen sehen, sodass die blinde Wut in sich zusammenfällt. Der Mythos kann auf diese Weise helfen, eine sinnlose Eskalation der Wut in Druck und Gegendruck zu erkennen und zu einer befreienden Lösung innerhalb einer versöhnlichen Beziehung zu finden.

Hass

Im Gegensatz zur „flammenden" Wut steht der „kalte" Hass. Diese Form der Aggression taucht bei Kindern relativ selten auf, denn diese Emotion ist nicht primär Ausdruck lebendigen, dynamischen Erlebens, sondern ist meist Resultat eiskalter Planung. Das Ziel ist immer Zerstörung, seien es materielle oder geistige Werte oder der Mensch selbst. Gerade weil das Ich ihn billigt und steuert, hat der Hass eine so umfassende, vernichtende Wirkung.

In zunehmendem Maße kann man bei Heranwachsenden aber auch beobachten, dass sich der Hass gegen die eigene Person in selbstzerstörerischen Handlungen bis hin zum Suizid richtet. Dahinter steht ein Ich, das als Antwort auf frühe Mangelerfahrungen kein stabiles Selbstwertgefühl aufgebaut hat und darum auch sich selbst nicht akzeptieren kann.

Ein Beispiel mag das illustrieren: *Ein 13-Jähriger schilderte in der Therapie seine suizidalen Fantasien. Als ich ihn fragte, ob er sich so wenig lieben könne, dass er sich lieber töten wolle, fragte er völlig irritiert: „Sich selbst lieben, was soll denn das für ein Schwachsinn sein. Ich kann mich überhaupt nicht leiden, das ist doch normal. Meine Eltern sagen mir schließlich auch immer, was für ein schrecklicher Kerl ich sei und dass ich der letzte Nagel zu ihrem Sarg wäre [...]"*

Mythos: *Osiris und Seth*
Osiris und Seth waren im alten Ägypten zwei göttliche Brüder. Osiris war der gütige, von allen geliebte Fruchtbarkeitsgott, Seth hingegen der Gott der Dürre und der Wüste. Als Vertreter des dunklen Prinzips hasste er seinen lichtvollen Bruder. Anlässlich eines Festes, zu dem alle Götter geladen waren, ließ er eine kostbare Lade nach den Maßen seines hellen Bruders anfertigen. Dann verkündete er, dass derjenige, der in die Lade passte, sie auch bekommen sollte. Als Osiris sich hineinlegte und sie seinen Körpermaßen vollkommen entsprach, schlug Seth den Deckel zu und warf die Lade ins Meer.
Nach einer anderen Version zerstückelte er den Bruder und verteilte die Teile im ganzen Land. Die liebende Schwestergemahlin Isis konnte die hasserfüllte Tat wieder gutmachen, indem sie die Leichenteile unter Tränen suchte und sie schließlich wieder zu einem Ganzen zusammenfügte.

Für Kinder kann es hilfreich sein, zu erfahren, dass es das Böse, in Form einer geplanten vernichtenden Tat gibt. Es ist keine Fiktion oder ein Spiel in der irrealen Welt der Medien, sondern brutale Wirklichkeit. Zum Täter gehört aber immer auch die Bereitschaft zum Opferstatus. Im Fall des Mythos ist es Gutgläubigkeit und Naivität. Wird das Böse in seiner Existenz verleugnet und verharmlost, besteht die Gefahr, letztlich Opfer der eigenen illusionären Wunschvorstellung vom nur guten Menschen zu werden. Das bedeutet auch, dass wir den Kindern zumuten, dass es dieses Böse gibt, gerade um sie vor Gewalt und Missbrauch zu schützen. Es geht nicht darum, ihnen Angst zu machen, sondern sie vor naiver Vertrauensseligkeit zu schützen. Wichtig ist dabei, dass sie den Mut entwickeln, in der Konfrontation nicht in die verstummende Opferrolle zu fallen, sondern in selbstbewusster Aktivität standzuhalten.

Diese Erkenntnis unterstrich ein elfjähriges Mädchen: *Jule war bei mir seit einem Jahr in psychotherapeutischer Behandlung. Im Vordergrund der Schwierigkeiten standen Ängste, Kontaktstörungen und Rückzugstendenzen. Aus beruflichen Gründen mussten die Eltern in eine 30 km entfernte Kleinstadt umziehen. Da sie beide berufstätig waren, konnte die Behandlung, die von dem Mädchen dringend gewünscht war, nur fortgeführt werden, wenn es mit dem Zug und anschließend mit dem Bus allein zur Praxis fuhr. Ich versuchte, mit ihr Gefahren und die daraus erwachsenden Ängste bei den Eltern und bei mir anzusprechen: Unterwegs und auf dem Bahnhof gäbe es ja schon manchmal seltsame Menschen, die so ein hübsches Mädchen, wie sie es sei, möglicherweise ansprechen und zum Mitkommen auffordern würden. Da pflanzte sich das Mädchen stolz und selbstbewusst vor mir auf und sagte. „Wenn jemand kommt und mich*

anspricht, dann werde ich ihn so anstarren" und dabei funkelte sie
mich mit ihren schwarzen Augen so an, dass ich unwillkürlich einen
Schritt zurückprallte. Ich bestätigte, dass sie nun gesehen hätte, welche
Macht sie in den Augen hätte, da sei ich ganz sicher, dass ihr nichts
passieren könne. Und so war es. Jule kam noch ein ganzes Jahr ein-
mal in der Woche angereist, voll Unternehmungslust und Selbstbe-
wusstsein. Sie kam nie in eine kritische Situation.

Depression

In der Depression begegnet uns eine passive Variante der
Aggression, die dem Kind in dieser spezifischen Qualität
jedoch nicht bewusst ist.

Depressive Menschen sind selten selbst aggressiv, doch
diejenigen, die mit ihnen Umgang haben, können diesen
Aspekt im eigenen Erleben spüren. Ermunterung und
Aufforderung an ein depressives Kind, es möge dies oder
jenes unternehmen, dies oder das spielen, trifft oft auf ein
müdes Achselzucken, ein: „Ich weiß nicht" oder „Mir ist
so langweilig". Je mehr die ermutigende Nähe des Erwachsenen (oder anderer Kinder) abgewehrt wird, desto
aggressiver werden diese in ihren Vorschlägen, Auffor-
derungen und schließlich auch Vorwürfen. Die passive
Aggression des Depressiven löst im Gegenüber zusätzlich
Schuldgefühle aus. Diese sind jedoch nutzlos, weil sie keine
Konflikt lösende Wirkung haben, sondern im Gegenteil
Keim für neue Aggressionen sind. Depression als förmlich
eingefrorene Aggression ist in ihrer Dynamik der Anekdote
von Münchhausen vergleichbar, in der er von seinem
Horn berichtet, auf dem er an einem eiskalten Wintertag
gespielt habe ohne dass ein Ton zu hören war. Als er das

Horn im warmen Wirtshaus aufhängte, erklang plötzlich die gewissermaßen eingefrorene Musik.

In einer Parallele muss das Kind lernen, seine in der Langeweile, als einem Synonym für Depression, eingefrorenen aggressiven Gefühle zum Klingen zu bringen – auch wenn diese nicht immer wohltönend sind, um dann schrittweise zu lernen, mit ihnen angemessen umzugehen. Bleibt das Kind in seiner depressiv gefärbten Verweigerung, in der gleichzeitigen Vermeidung lebendig-vitaler Regungen, werden die aktiv-dynamischen Lebensimpulse gestaut. So wird die Entwicklung einer resignativ-depressiven Persönlichkeit begünstigt und der positiv-progressive Lebensbezug erschwert.

Mythos: *Demeter und Persephone*

Demeter, die Schwester des Zeus, gilt als Göttin der Fruchtbarkeit. Zusammen mit Zeus hatte sie eine Tochter, Persephone, die sie innig liebte. Als Ausdruck dieser innigen Mutter-Tochter Beziehung trug Persephone auch den Namen Kore, was so viel wie Mädchen heißt.

Einst tanzte Persephone mit ihren Gefährtinnen auf einer Blumenwiese. Während sie üppig blühende Narzissen pflückte, entdeckte sie Pluto, der Gott der Unterwelt, verliebte sich in sie und entführte sie als seine Gemahlin in die Unterwelt. Niemand wollte etwas von dem Raub gesehen oder gehört haben, sodass die trauernde Mutter auf ihrer Suche niemanden fand, der ihr Auskunft geben konnte, wohin ihre Tochter verschwunden war. Voller Verzweiflung irrte sie über die Erde, sie wusch sich nicht und aß nicht. Das Getreide verdorrte, Hunger und Elend breiteten sich aus. Zeus, voll Besorgnis, versuchte Demeter zu beschwichtigen, doch nichts konnte sie in ihrer Trauer erreichen. Schließlich wurde offenbar, dass Pluto Persephone zur Gemahlin genommen hatte. Zeus schlug einen Kompromiss vor: Die Hälfte des Jahres sollte Persephone in der Oberwelt bei ihrer Mutter leben, die andere Hälfte aber gehörte der Beziehung mit dem Gott der Unterwelt.

Dieser Mythos vermittelt in bildhafter Sprache, wie gefährlich es sein kann, wenn man als Mutter über die Zeit hinaus ein Kind an sich bindet. Damit werden Erwachsenwerden, Reifeschritte und der Weg in die Autonomie unmöglich gemacht. Auch Kinder kennen das Bedürfnis, etwas als ihren Besitz festzuhalten, sich nicht lösen zu können und die anschließende Trauer, wenn so ein wichtiges Objekt verloren geht.

Ein Kollege sagte dazu aus eigener Erfahrung: *„Wenn Sie in den Urlaub gehen, können Sie alles vergessen, Geld, Papiere, Pass, alles lässt sich irgendwie beschaffen. Es ist jedoch unmöglich, das Lieblingskuscheltier ihres kleinen Kindes zu vergessen. Da hilft nur eines: Umkehren, zurückfahren und es holen [...]"*

Bei Demeter zeigt sich das Problem einer Mutter, die über die Zeit hinaus das Kind an sich bindet. Damit verknüpft sich für das Kind jeder Schritt in die Eigenständigkeit mit Schuldgefühlen. Dieses Verharren in kindlicher Abhängigkeit, das allerdings zumeist dem mütterlichen oder elterlichen Bedürfnis entspringt, lässt nicht wirklich erwachsen, eigenständig und unabhängig werden. Die italienischen „Mammonis", die „Nesthocker im Hotel Mama", sprechen eine beredte Sprache.

Aber kann man den eigenen Weg als Kind, als Heranwachsender, beschreiten, wenn die Mutter einen so unendlich braucht, dass sie in Depressionen fällt, wenn man sie, aufbrechend ins eigene Leben, verlässt?

Der Kompromiss, den der Göttervater vorschlägt, ist mit Sicherheit auch eine Hilfe im Konflikt zwischen Abhängigkeit und Autonomie, im Schwanken zwischen Bindung an die Eltern und der Lösung aus eben dieser Gebundenheit. Eigene Schritte schließen nicht zwangsläufig eine gute Beziehung zu den Eltern aus.

Persephone begegnet ihrer Mutter in Zukunft nicht mehr als Kore, als Mädchen, sondern als verheiratete Frau, die ihrer Beziehung einen gleich wichtigen Stellenwert einräumt. Der Schritt in die Eigenständigkeit ist immer mit ängstigenden, erschreckenden und auch traurigen und trauernden Gefühlen begleitet. Er bleibt Wagnis und Zumutung, aber nur so entwickelt sich eine eigene zunehmend unabhängige Identität. Ein Verharren in einem abhängigen Zustand macht dagegen depressiv und unfähig, sich in der Realität zurecht zu finden.

Wenn wir uns mit dem aggressiven Kind auseinandersetzen, ist es zunächst wichtig, dass wir uns bemühen zu verstehen, was in ihm vorgeht. Dieses Verstehen bewertet nicht, soll auch nicht be- oder verurteilen, sondern erlaubt, uns in die Qualität dieses Gefühls hineinzuversetzen, als sei es unser eigenes. Es ist an der Zeit, sich in der Pädagogik von der Polarität guten und bösen Verhaltens endgültig zu verabschieden. Kindliches Verhalten ist weder gut noch böse, sondern Ergebnis Spannung verursachender Emotionen. Diese mögen wiederum für uns Erwachsene angenehm oder unangenehm sein, das Kind sollte jedoch nicht lernen, dass das Empfinden der Erwachsenen zum ausschließlichen Wertmaßstab seines Fühlens, Erlebens und Tuns wird.

In diesem Fall wäre unser Erziehungsziel das pflegeleichte, angepasste, ja überangepasste Kind, das aber gleichzeitig auf die Entwicklung einer eigenen Persönlichkeit verzichtet. Die pflegeleichten Kinder können angesichts ihrer Orientierung auf die Wünsche der Umwelt kein eigenes Profil entwickeln. Die Begegnung mit ihnen ist nicht spannende Herausforderung, sich selbst als Erwachsener weiterzuentwickeln, sondern der langweilige Spiegel unserer eigenen Bequemlichkeit.

Es geht also darum, die ursprüngliche dynamische Kraft, die psychische Energie im Kind positiv zu bewerten und zu Lösungen anzuregen, die destruktive „Notlösungen" in konstruktives Tun ummünzen. Auch hier können Mythen wertvolle Impulse geben. Sie ermöglichen dem Kind Wahlfreiheit und damit eine Auflösung ihrer oft so empfundenen Sackgassensituation.

Die entwicklungsfördernde Perspektive

Die Chance listiger Einfälle

Mythos: *Herakles und die Äpfel der Hesperiden*
Dem Halbgott Herakles, Sohn des Zeus und der Alkmene, wurde von seinem eifersüchtigen Vetter zwölf Taten aufgetragen, die ihm zu großem Ruhm verhalfen, jedoch nicht immer nur mit seiner sprichwörtlichen Stärke zu lösen waren. So sollte er im Garten der Hesperiden drei goldene Äpfel holen. Dieser Garten, am Ende der Welt gelegen, gehörte der Himmelsgöttin Hera. Der Baum mit den goldenen Äpfeln wurde von Ladon bewacht, einem Ungeheuer, das die Augen nie schloss. In unmittelbarer Nähe des Gartens trug Atlas, ein schlauer und hinterlistiger Titan, die Achse der Erde, um die sich nach antiker Vorstellung der Sternenhimmel drehte. Atlas hatte sich einst gegen Zeus aufgelehnt und musste nun als ewige Strafe das Himmelsgewölbe tragen. Atlas war der einzige, der die goldenen Äpfel aus dem Garten holen konnte. So erbot sich Herakles, ihm die Last so lange abzunehmen. Als Atlas mit den Äpfeln zurückkam, wollte er das Himmelsgewölbe nicht mehr tragen. Herakles rettete sich mit einer List: Er gab vor, sich ein Kissen zurechtmachen zu wollen, um das Himmelsgewölbe besser tragen zu können. Der Titan ließ sich überlisten, übernahm erneut die Last und Herakles enteilte mit den goldenen Äpfeln.

Ein Mythos bietet Lösungen bei menschlichen Problemen. Aus dieser Sicht kann die Begegnung zwischen Atlas und Herakles sowohl Kindern wie Eltern weiter helfen. In Schwellensituationen, seien es Trotzalter, Pubertät oder Adoleszenz, kommt es häufig zu Auseinandersetzungen mit der Umwelt, weil die innere Sicherheit erschüttert ist. Auch hier ist Aggression als scheinbare Kampfansage

Schutz vor Hilflosigkeit und Unterlegenheit. Machtkämpfe führen innerhalb der Familie im besten Fall zu Pyrrhussiegen. Der griechische Feldherr Pyrrhus ging aus einer siegreichen Schlacht ähnlich geschwächt hervor, wie der Besiegte. Er soll nach seinem Kampf gesagt haben: *„Noch ein solcher Sieg und ich bin geschlagen."* (Ziegler / Sontheimer 1979, S.1263)

Druck erzeugt Gegendruck. Im Trotzalter, ebenso wie in der Pubertät, können indirekte Maßnahmen viel mehr Erfolg haben, als eine harte Konfrontation. Spätestens in der Adoleszenz müssen Eltern sich im direkten Machtkampf von vornherein auf Niederlage einstellen. Die vitale Kraft der jungen Erwachsenen, ihre Eloquenz, ihre dramatischen Fähigkeiten und ihre Zähigkeit und Ausdauer im Verteidigen ihrer Rechte sind unschlagbar. List heißt, einen Umweg wagen, Ablenkungsmanöver einsetzen und bei kleinen Kindern z. B. den Fokus auf die „paradoxe Intervention" zu setzen. Zum Trotzen ermuntern, nimmt die Lust am demonstrativen Aufbegehren, die Rollen umkehren und hilflos sein, auch wenn ich als Erwachsener glaube stark zu sein, schafft Überraschungseffekte.

Was macht Herakles?

Er gibt sich willfährig und demonstriert Plausibilität. Es ist vielleicht nicht die feinste Art, einen Kampf zu beenden, aber gelegentlich eine Notwendigkeit, um aus einer Sackgassensituation herauszukommen. Das hilflose ineinander Verstrickt-Sein löst sich, progressive Entwicklung ist wieder möglich ohne Demütigung, Entwertung und Schuldzuweisung.

Das Geschenk vitaler Spielräume

Mit wachsender Bewusstheit nimmt das Kind seine vitalen, aggressiven Strebungen sowohl in seinen Licht- wie auch seinen Schattenseiten wahr. Die Reaktion der Erwachsenen vermittelt ihm, dass die positiven Seiten wie Kreativität, Eigenständigkeit, Einfallsreichtum erwünscht, die Kehrseiten wie Wutausbrüche, trotziges Beharren, zornige Verweigerung negativ bewertet werden. Es stellt sich im praktischen Erziehungsalltag die Frage, wie man mit diesen Schattenseiten umgehen kann. Rationales Belehren und Erklären ist deshalb wirkungslos, weil sich Emotionen und Affekte jeder vernünftigen Begründung entziehen. Auch das Verharmlosen und Übersehen ist selten erfolgreich, umso mehr, als wir in unserer Mimik und Gestik unsere eigenen Affekte verraten. Auch hier kann ein Mythos weiterhelfen:

Mythos: *Herakles und die Kerkopen*
Die geschwänzten Kerkopen waren ein affenähnliches Brüderpaar, namens Olos und Eurybatos, Söhne der Titanin, Theia. Sie waren Gauner und Betrüger und versuchten einst, Herakles seine Waffen zu rauben, als dieser schlief. Herakles erwachte, fing sie ein, band sie zusammen und hängte sie kopfüber mit den Füßen an einen Balken, den er auf seinen Schultern trug. Plötzlich lachten die Kerkopen auf: Sie erinnerten sich an den Ausspruch ihrer Mutter, sie sollten sich „vor dem mit dem schwarzen Hintern" hüten.
Herakles, der sich in seinen berühmten zwölf Taten überwiegend mit roher Gewalt behauptete, ließ sich von der Komik der Situation mitreißen, lachte und entließ die Brüder.

Der Mythos zeigt eine neue Variante des Umgangs mit aggressivem Verhalten, fern von gewaltsamer Bestrafung und ohne moralisierenden Zeigefinger. Es entsteht eine Situation der Heiterkeit, die es erlaubt, sich über die Sache zu stellen. Sowohl in der Ilias als auch in der Odyssee taucht in affektgeladenen Situationen immer wieder diese Lösungsmöglichkeit auf: Das „unauslöschliche, das homerische Gelächter", das sich selbst in der Wahrnehmung der Sachlage Distanz einräumt und damit die Dimension des Humors entwickeln kann.

Trotzdem zu lachen, wie es Wilhelm Busch beschreibt, ist eine Fähigkeit, die Selbstbewusstsein voraussetzt. Das bedeutet, dass Eltern und Erzieher in dem Augenblick, in dem sie sich durch das Verhalten der Kinder betroffen, aber nicht getroffen fühlen, im Erkennen der Situationskomik den Affekt nicht mehr als persönliche Infragestellung bewerten müssen.

Jeder Gefühlsausbruch sagt zunächst nur etwas über die Befindlichkeit dieses Menschen aus und hat nur dann etwas mit mir zu tun, wenn ich mir die Aussage „anziehe". Verfügen wir über so viel echtes Selbstbewusstsein, dass wir uns und dem Kind diesen Sicherheitsabstand erlauben?

Lachen steckt an. Reagieren wir mit Lachen, entschärft sich die Lage und häufig kann ein Kind entspannt mitlachen und die aggressive Konfrontation löst sich buchstäblich in Luft auf. Lachen befreit und schafft Freiraum. Auch das vermittelt der Mythos: Die Affen, die aus ihrer Sicht die dunkle Kehrseite des Helden Herakles wahrnehmen, erringen mit ihrer lachenden Erkenntnis Freiraum.

Können auch wir über die dunkle Kehrseite unserer eigenen Gutgesinntheit lachen und ebenso heiter anerkennen, dass unsere Kinder bestenfalls schlafend kleine Engel sind. Unsere Kinder, aber auch wir, haben eine Licht- und eine Schattenseite als Ausdruck unserer menschlichen Natur!

Die Notwendigkeit von Grenzen

Konflikte tragen immer das Bedürfnis nach Lösung in sich. Wir streben immer nach der ‚richtigen‘, der optimalen Lösung. Es ist unsere Sehnsucht nach Vollkommenheit, nach uneingeschränkter, objektiver Wahrheit. Sie wird leider häufig mit dem Anliegen Recht zu haben, verknüpft. In Auseinandersetzungen kann aber nur einer Recht haben und so ergibt sich angesichts dieses Bedürfnisses ganz von selbst ein neuer Konfliktherd. Der, der ins Unrecht gesetzt wurde, möchte den Spieß umkehren und seinerseits Recht haben. Die unendliche Geschichte der Machtkämpfe, nicht nur im Kinderzimmer, lebt von einem Anspruch auf Vollkommenheit, den die menschliche Natur nie einlösen kann. Wir sind in unseren Möglichkeiten begrenzt, ob Kind oder Erwachsener. Weiterentwicklung und Lösung von Problemen gelingen nur dann, wenn wir unsere Grenzen anerkennen und im Rahmen dieser Begrenztheit, wenn nötig, Hilfe von außen holen (vgl. Rogge 2003).

Mythos: *Herakles und die Hydra von Lerna*
Die vielköpfige Schlange Hydra lebte in feuchten Sümpfen nahe des Zugangs zur Unterwelt.
Sie verheerte mit ihrem giftigen Hauch das umgebende Land und seine Herden. Nach antiker Vorstellung sollte sie zwischen fünfzig und hundert Häupter haben. Herakles lockte das Wesen mit feurigen Pfeilen

48

aus seiner Höhle und schlug ihm mit einem sichelförmigen Messer die Köpfe ab. Aber selbst der sprichwörtlichen Kraft des Herakles gelang es nicht, das Ungeheuer zu überwältigen, denn für jedes abgeschlagene Haupt wuchsen zwei neue nach.

In Erkenntnis der Grenzen seiner eigenen Möglichkeiten besann sich Herakles auf Hilfe. Er rief seinen Neffen Jolaos, der die Stümpfe mit loderndem Feuer ausbrannte. Auf diese Weise konnten keine neuen Köpfe nachwachsen, so dass das Ungeheuer enggültig besiegt werden konnte.

Es ist schwer zu ertragen, wenn man an die Grenze der eigenen Fähigkeiten und Möglichkeiten kommet. Immer wieder geht es einem wie dem berühmten Sisyphos, der einen gewaltigen Felsbrocken den Berg hinaufrollte, der jedoch im Angesicht des nahen Ziels wieder abwärts trudelte. Die Sisyphosarbeit täglicher Be- und Erziehungs-aufgaben erscheint oft nutzlos, erfolglos, vor allem dann, wenn Eltern unter dem Anspruch stehen, es selbst und ohne Hilfe schaffen zu müssen. Dieser Anspruch überträgt sich auch auf die Kinder, sodass sie diesen als unsichtbare Überschrift ihres Lebens verinnerlichen. Ohne Hilfe, das lehrt der Mythos, kann ein Herakles mit noch so großem Einsatz kämpfen. Es ist nicht nur erfolglos, sondern die Schwierigkeiten verdoppeln sich und die Situation wird immer aussichtsloser. Der Schritt, Hilfe in Anspruch zu nehmen, selbst von jemandem, der, wie der Neffe, jünger und weniger erfahren scheint, ist ein schwieriger Schritt. In der Praxis kann es so aussehen, dass Eltern dem Kind gegenüber ihre Begrenztheit eingestehen und in einer schwierigen Situation keinen Lösungsweg finden. Oft kommt dann der rettende Impuls von den Kindern selbst.

In einer therapeutischen Gruppe mit zwölfjährigen ging es von Stunde zu Stunde chaotischer zu: Aggressive Provokation mir gegenüber, demonstratives Weghören, ironisches Belächeln analytischer Interventionen. Nach jeder Gruppensitzung war ich ratlos und stellte mir immer wieder die Frage, wie das Chaos in Griff zu bekommen sei. Ich musste mir eingestehen, dass ich vollkommen hilflos war. Alle noch so brauchbaren Strategien hatten sich als nutzlose Sisyphosarbeit erwiesen. Eines Tages schaute mich einer der Jungen, Jonas, fast ein wenig mitleidig von der Seite an und meinte: „Du musst dich nicht immer so aufregen, das ist genau wie bei meiner Lehrerin und dann wird alles noch schlimmer". So bekam ich von der jüngeren Generation Hilfestellung, denn mir war nicht bewusst, in wie starkem Maß die Kinder mir meine Gefühle vom Gesicht ablesen konnten. Es war auch ein heilsamer Dämpfer gegenüber jeglicher therapeutischen Hybris, nämlich, eine gelassene analytische Haltung bewahren zu können.

So kam es zu einer deutlichen Entspannung: Immer wenn mich das Chaos wieder zu überschwemmen drohte, formulierte ich ausdrücklich dankbar den Hinweis des Jungen mich doch nicht so aufzuregen. Damit vollzog sich ein Stück Lösung einer extremen Anspannung, offensichtlich auf beiden Seiten und der Entwicklungsprozess in der Gruppe bewegte sich ganz allmählich in geregelteren Bahnen.

Die eigenen Grenzen zu erkennen und Hilfestellung von unseren Kindern, denen wir glauben helfen zu müssen, anzunehmen, das kann einen positiven Entwicklungsweg öffnen und gleichzeitig dazu führen, Realitäten anzuerkennen und damit ein Stück Lebensklugheit zu entwickeln.

Die konstruktive Auseinandersetzung

Immer wieder höre ich den Ausspruch von Jugendlichen, dass die Erwachsenengeneration konfliktscheu sei.

„Ihr wollt um jeden Preis geliebt sein und wagt darum nicht, ‚nein‘ zu sagen. Wenn wir mit Argumenten kommen, uns auseinandersetzen wollen, zieht ihr euch zurück mit dem Hinweis, keine Zeit zu haben, und beruhigt euer schlechtes Gewissen mit materiellen Dingen. Natürlich nehmen wir Geld, Klamotten, Playstation, PC, warum nicht? Aber dankbar sind wir nicht, denn ihr gebt, um eure Ruhe zu haben. Und das was wir wollen, nämlich Zeit, schenkt ihr uns nicht! Warum sollen wir euch lieben, wo ihr euch entzieht. Warum sollen wir euch ehren und bewundern, wo ihr schwach und feige seid…“

Eine ganze Stunde beschimpfte mich Ron in dieser Weise stellvertretend für seine Erfahrungen innerhalb seiner Familie. Ich bemerkte den Impuls, mich zu rechtfertigen und damit auch seine Eltern zu entschuldigen. Aber genau das ist es wohl, was Jugendliche als so unaufrichtig erleben. Wir wollen geliebt werden, statt Liebe zu schenken. Liebe ist Einfühlung in die tatsächlichen Bedürfnisse der Heranwachsenden. Liebe heißt aber auch, offen und ehrlich Gefühle zu äußern und zu leben. Kinder und Heranwachsende wollen gesehen werden, aber auch uns sehen. Sie wollen uns als Menschen in unseren lebendigen Gefühlen begegnen, um damit Erfahrungen in ihrer eigenen Menschlichkeit zu machen. Dazu gehören gerade auch ehrliche, manchmal „unmenschliche“ Auseinandersetzungen mit der Möglichkeit, sich sowohl abzugrenzen, als auch über konstruktive Kompromisse neue Lösungen in einer verfahrenen Situation zu finden.

Mythos: *Der Streit von Agamemnon und Achill*

Der zehnjährige Kampf der Griechen gegen die Trojaner ist das zentrale Geschehen in der Ilias. Es gab aber auch Konflikte, Kämpfe, Auseinandersetzungen zwischen den griechischen Helden, die nicht selten zu einer Katastrophe zu werden drohten. Das berühmteste Beispiel ist der Zorn des Achill gegenüber dem Heerführer Agamemnon.

Achill hatte bei seinen Kämpfen ein schönes Mädchen, Briseis, erbeutet. Agamemnon raubte ihm voll Neid das schöne Mädchen, worauf Achill sich zurückzog und nicht mehr am Kampf teilnahm. Ohne ihren großen Helden gerieten die Griechen in eine immer schwierigere Situation. Die Trojaner trieben sie bis zu ihren Schiffen zurück und drohten diese anzuzünden.

Agamemnon warb in der Not um die Kampfbereitschaft Achills. Er bot ihm an, nicht nur Briseis, sondern auch viele Schätze zu geben, aber Achill weigerte sich, weiterhin zürnend. Schließlich stimmte er zu, dass sein bester Freund Patroklos in seiner Rüstung und mit seinen Waffen an seiner Stelle am Kampf teilnahm. Dieser konnte das Kriegsglück wenden und an der Spitze der Griechen die Trojaner zurücktreiben, aber er fiel von Hektors Hand. Erst jetzt war Achill wieder bereit, zu den Waffen zu greifen. Der Tod des Patroklos jedoch war nicht rückgängig zu machen.

Der Mythos vermittelt in eindrucksvoller Weise, dass ein am Anfang stehendes Unrecht nicht einfach mit Stillschweigen, Rückzug und Gekränktsein beantwortet werden darf. Sei das Unrecht objektiv oder nur als solches subjektiv empfunden, immer ist es notwendig, sich auseinanderzusetzen, zu reden und eine eindeutige Stellung zu beziehen. Der Rückzug findet in der Realität häufig sowohl bei Jugendlichen als auch bei Eltern oder Erziehern statt. Die Klagen über die rücksichtslose, respektlose, unerzogene

Jugend finden wir schon fast 400 Jahre vor Christus bei Sokrates (Eder 1998). Und in der Form hat sich bis heute wenig geändert. Die Jugendlichen ihrerseits erleben die Erwachsenengeneration häufig als verständnislos verkalkt und egozentrisch und brechen ihrerseits den Dialog ab.

Achill ist nach der Überlieferung noch ein sehr junger Mann. Sein gekränkter Rückzug, sein Beharren auf seinem Rechtsstandpunkt entspricht dem Verhalten vieler Jugendlicher heute. Das verspätete Einlenken des Agamemnon, einer Vaterfigur, das jedoch nicht von entschuldigenden Worten begleitet zu sein scheint, kann ihn nicht erweichen. Erst der Tod des geliebten Freundes bringt ihn zur Besinnung. Fehlt die verbale Auseinandersetzung mit der Chance einer Kompromisslösung, eine Aktion, die immer viel Zeit kostet, wird auf beiden Seiten ein hoher Preis bezahlt. Entfremdung, Vertrauensverlust, Kündigung der Beziehung, Absterben der Verbundenheit als symbolisch zu verstehender Tod, all das sind die Konsequenzen.

Eindrucksvolles Beispiel aus jüngerer Zeit ist das Drama von Heinrich von Kleist: „Michael Kohlhaas". In Verteidigung seines Rechtes und in einseitiger Verfolgung seines Standpunktes ohne Kompromissbereitschaft prozessiert er sich um Kopf und Kragen.

Umgang mit der aggressiven Dynamik

Wenn wir uns mit dem Selbsterleben des aggressiven Kindes auseinandersetzen, sollten wir uns vor allem die Hintergründe seines emotionalen Erlebens bewusst machen. Jedes aggressive Kind ist ein angsterfülltes Kind; Aggression und Angst sind lediglich zwei Seiten einer

Medaille. Um Angst zu vermeiden, verhält sich ein solches Kind häufig aggressiv und kommt auf diese Weise imaginären oder realen Bedrohungen zuvor. Hierbei ist das zentrale Motto: Angriff ist die beste Verteidigung. Es gibt viele Kinder, die provozieren, um sich dann aggressiv verteidigen zu müssen, was aus ihrer Sichtweise die beste Möglichkeit ist, sich vor befürchteten gefährlichen Angreifern, die in jedem Gegenüber gewittert werden, zu schützen.

Der sechsjährige Timo wurde mir vorgestellt wegen massiv aggressiven Verhaltens im Kindergarten, er sei „nicht mehr tragbar" und werde ausgegrenzt. Seine bevorzugte Verhaltensweise war, mit ausgebreiteten Armen wie ein Flugzeug durch den Kindergarten zu rasen, alle Spielsachen auf den Boden zu fegen und alles zu zerstören, was die anderen Kinder gerade spielten, bastelten und bauten; sein Tun begleitete er mit den Worten: „Ich schlag euch alle tot!"

In der Testuntersuchung erwies sich Timo als massiv angstvolles Kind, das sich in ständiger Gefahr seitens der Erwachsenen, anderer Kinder und sogar imaginärer Gespenster (wie er sie nannte) erlebte. Um dieser Bedrohung die beunruhigende Qualität des Zufälligen zu nehmen, der er sich hilflos ausgeliefert sah, inszenierte er selbst die Attacke, wodurch die Aggression der anderen für ihn steuerbarer wurde und er somit alles „im Griff" behielt. Auf diese Weise konnte er seine Ängste bannen.

Aggression ist aber gleichzeitig auch Ausdruck von Selbstunsicherheit, Minderwertigkeitsgefühlen, auch der Besorgnis, nicht genügend wahrgenommen zu werden.

Ein Elfjähriger, der regelmäßig im Pausenhof der Prügelknabe der gesamten Klasse war, wobei er zuvor alle provoziert und verbal angegriffen hatte, gab mir folgende Begründung: *„Auf diese Weise kümmern sich alle um mich, ich stehe im Mittelpunkt, ich bin wichtig. Dafür stecke ich auch Prügel ein."*

Aufsehen erregen, um gesehen zu werden, Unerhörtheiten begehen, um gehört zu werden!

Aggressive Verhaltensweisen haben in diesem Kontext Signalcharakter, weisen darauf hin, dass ein Kind zu wenig als Person in seinen eigenen Bedürfnissen gesehen und verstanden wird. So muss es in dieser Situation subjektiv Ohnmacht mit übersteigertem Machtanspruch, Minderwertigkeitsgefühle mit demonstrativer Souveränität, Unsicherheit mit Anmaßung kompensieren. Aggressives Verhalten ist aus dieser Perspektive eine Notlösung und weist auf Mängel und Mangelerfahrungen hin, ist aber nicht zwangsläufig, wie viele Eltern befürchten, der Beginn einer kriminellen Karriere.

Zusammenfassend lässt sich sagen, dass ein wichtiges Mittel, kindliche Aggressionen in angemessene, gesunde Bahnen zu lenken, darin besteht, dem Kind zu vermitteln, dass es in seinem So-Sein akzeptiert, gewollt und wertgeschätzt ist und nicht ausschließlich einem Soll-Sein entsprechen muss, das zwar den Fantasien, Ansprüchen und Erwartungen der Erwachsenen entspringt, aber nur bedingt mit dem eigentlichen Wesen des Kindes korrespondiert.

Der Umgang mit Aggression kann für Erwachsene wie für Kinder einen inneren Reifungsprozess anstoßen. Darf Aggression sein, ohne Stauungen und Blockaden, dann sucht sich der Strom der vitalen Dynamik sein individuelles Bett, dann kann sich ein eigener Lebenssinn formen. In lebenslanger Wegsuche vollzieht sich körperliche und geistige Bewegungsfreude. Darum sollte Neugier, Wissen und Erlebnishunger bei Kindern unterstützt, nicht eingeschränkt werden. Das mag für Eltern und Erzieher anstrengend sein, aber es lohnt sich, diese Bereitschaft, Neues aufnehmen zu wollen und sich damit vital auseinander zu setzen und nach Kräften zu unterstützen. So wird das Leben in allen Altersstufen zu einem spannenden Abenteuer.

Natürlich bedeuten Ermutigung und Ermunterung zur inneren vitalen Dynamik nicht einen Freibrief für Rücksichtslosigkeit. Ein reines Austoben wird zur Willkür, beengt die Freiheit des anderen und schafft so keine Erleichterung, sondern verursacht wiederum Schuldgefühle, die den besten Nährboden für weitere Aggressionen bilden. Verleugnung des aggressiven Persönlichkeitsanteils dagegen mündet in Unfreiheit, Angst und Depression.

Jeder ist seines Glückes Schmied, aber das heißt auch, dass jeder lernen muss, im Begreifen der unverwechselbaren Individualität Verantwortung für sich zu übernehmen und nach dem persönlichen Weg zu suchen. Freiheit zu sich, ohne in Willkür zu entgleisen, Anpassung an kollektive Bedürfnisse, ohne sich zu unterwerfen, hier liegt der Weg zum maßvollen Umgang mit Aggressionen, den jeder auf seine Art, in seinem Tempo erwandern sollte. Wenn dieser Weg sich verschleiert oder aufgrund der Lebensumstände neu zu suchen ist, sollte man den Mut nicht verlieren und wissen, dass der Umgang mit Aggressionen gleichzeitig auch der mit den potenziellen schöpferischen Bereichen des Menschen ist, die zum Kostbarsten gehören, was die Natur uns mitgegeben hat.

2. DAS PHÄNOMEN DER ANGST

Angst ist nicht Schwäche

In unserer Zeit scheint es nahezu unanständig zu sein, Angst zu äußern. ,Cool' sein ist die Devise bei jugendlichen Mädchen und Jungen. Sich in Risiken stürzen, Horrorfilme konsumieren... Man wird an das Märchen „Von einem, der auszog, das Fürchten zu lernen", erinnert. Und doch ist Angst eine Tatsache, die bereits in der Bibel steht: „In der Welt habt ihr Angst." (Die Bibel, Joh. 16, 33) Müssen wir erst wieder lernen, Angst als Ausdruck unserer menschlichen Realität zu akzeptieren? Sollten wir erkennen, dass Angst nur bewältigt werden kann, wenn man sie in ihrem tatsächlichen Sein anerkennt und dann Möglichkeiten des Umgangs mit ihr entwickelt?

Aber wie gehen wir als Eltern und Erziehende tatsächlich mit den Ängsten kleiner Kinder um? Vermitteln wir ihnen mit unserem Verhalten nicht bereits, dass es „richtig" ist, angstfrei zu sein? „Ich habe so Angst" und „Du brauchst doch keine Angst zu haben" – die unzählig oft geäußerten Sätze von Eltern und Kindern beim abendlichen Ins-Bett-bringen. Wir wünschen uns in solchen Situationen mutige Kinder, die sich vertrauensvoll ins Traumland begeben, keine schreckensbleichen, kleinen Geister, die immer wieder in der Wohnzimmertür stehen und Hilfe suchen. Sie ,brauchen' keine Angst zu haben und doch sind sie ganz von Angst erfüllt.

Sie haben diese Gefühle nicht als unnötigen Besitz, den man nur wegwerfen müsste, sondern ihre Person, ihr Sein besteht aus Angst. Kinder zeigen uns damit, dass Angst nie nach ihrer Notwendigkeit fragt, sondern ganz einfach existiert, irrational und doch allgegenwärtig. Indem Erwachsene vernünftig reagieren, im Bemühen, die kindliche Erlebniswelt durch rationale Argumentation zu entängstigen, bewirken sie das Gegenteil. Im verständlichen Wunsch, die Paniksituation zu entschärfen und die Angstobjekte in ihrer Harmlosigkeit zu entschleiern, werden die Ängste noch verstärkt: Ängste vor dem Alleinsein, vor dem Unverstandensein, vor dem Fremden der Welt, all dem, was das Kind noch nicht angemessen einordnen kann. Durch die vernünftige Stellungnahme der Erwachsenen entfernen sie sich innerlich vom Kind, was sich nicht selten auch in einer äußeren Distanzierung spiegelt: „Geh endlich ins Bett!" – „Lass uns in Ruhe!" – „Geh´ Schäfchen zählen..."

Nun muss sich das Kind erst recht allein gelassen fühlen im verzweifelten Kampf mit den allgegenwärtigen Ungeheuern, Einbrechern, Geistern oder Gespenstern. Es ist eine Bedrohung, in der sich die Angst potenziert, weil diese Gefahren für die Eltern unsichtbar und darum nicht existent sind.

Und was kann ein Kind in dieser Situation tun? Muss es nicht, in Angleichung an die Haltung der Eltern, diese irrationalen Gefühle abspalten, verdrängen, um dem Gefühl der Verlassenheit standhalten zu können. Muss es nicht die Augen schließen vor der eigenen Befindlichkeit nach dem Motto, dass nicht sein kann, was nicht sein darf? Im Versuch Angst zu vermeiden, kommt das Kind in ein neues Dilemma: Die Angst vor der Angst.

Immer mehr Abwehrstrategien zum Schutz vor der Bewusstwerdung dieser potenzierten Angst werden notwendig und verschlingen emotionale Kräfte, wie die fleischfressende Pflanze im „kleinen Horrorladen", die sich von Blut ernährt und zum Schluss ihren Besitzer verschlingt: Vermeidung emotionalen Betroffenseins, Verleugnung dessen, was gefühlt wird, rationalisieren, was vernünftigerweise nicht erklärbar ist – all das verstärkt die Angst vor der Angst. Schließlich gleicht das kindliche Ich einem in die Ecke getriebenen, verstörten Tier, sodass es angesichts der aufgeheizten Gefühle zur emotionalen Explosion kommen muss.

In aggressiven Durchbruchsreaktionen wird im Schutz vor Bedrohung Angst gemacht, um die eigene Angst nicht mehr zu spüren, bedrohte Kinder werden zu drohenden Kindern. Oder die energetische Aufladung implodiert, was letztlich einer ähnlichen Strategie zuzuordnen ist: Bevor ich verletzt werde, tue ich mir die Verletzung selbst an und entgehe damit jeglicher ängstigenden Bedrohung. Selbstschädigende Verhaltensweisen von Kindern und Jugendlichen bis hin zum Suizid unterstreichen diese gefährliche Strategie der Angstabwehr.

Durchbrochen werden können diese Abläufe nur durch bewusste Erkenntnis und die Bereitschaft, sich mit den Angst machenden Phänomenen bewusst auseinanderzusetzen. Kinder haben den drängenden Wunsch, Ängste zu bewältigen, sie sind aber überfordert, wenn Eltern und Erzieher ihnen vermitteln, dass sie das allein bewerkstelligen müssen. Schließlich konnte nur Münchhausen sich an seinem eigenen Zopf aus dem Sumpf ziehen! Als Eltern und Erzieher haben wir die Aufgabe, uns verständnisvoll auf die Welt des Kindes, auf seine Weltbetrachtung hin zu bewegen, statt von ihm zu verlangen, seine Welt mit den

Augen eines Erwachsenen zu betrachten. Und nicht nur das: Erwachsensein wird aufgrund einseitiger Rationalität letztlich unverständlich. Das Erleben der Erwachsenen entspricht nicht dem des Kindes und wirkt damit vermehrt ängstigend, was die Freude, erwachsen werden zu wollen, spürbar mindert. So versperren Erwachsene, ohne es zu wollen, den Weg nach vorn ins Älterwerden. Sie verhindern mit ihrer Stellungnahme, ihren Äußerungen genau das, was sie eigentlich erreichen wollen, die lustvolle Progression.

„Werdet wie die Kinder" (Die Bibel, Math. 18,3) heißt aus dieser Sicht, sich äußerlich und innerlich auf das Niveau des Kindes zu begeben, ohne kindisch zu werden. Sich aus einer vom Kind so erlebten Riesenhaftigkeit herabzubeugen, in die Knie zu gehen vermittelt die Bereitschaft eine gemeinsame Ebene herzustellen. Sie findet im Ernstnehmen der kindlichen Gefühle ihre innere Entsprechung. Dann ist der Boden bereitet, miteinander Bewältigungsstrategien zu entwickeln, die in einer Bestätigung der Berechtigung, Angst zu haben, Ermutigung und Ermunterung bedeuten, sodass sich vitale und kreative Kräfte beleben lassen.

Mythen sind Vorbilder wie über die Konfrontation mit ängstigenden Situationen mutige und eigenständige Persönlichkeitsfacetten entfaltet werden können. Mythen unterstützen damit in konstruktiver Weise, Lebensaufgaben in Angriff zu nehmen, statt Herausforderungen zu vermeiden. So entsteht im wahrsten Sinne Ent-Wicklung aus bedrohender und irritierender Ver-Wicklung.

Der Begriff der Angst

Angst begegnet uns immer wieder im Kontakt, in der Beziehung und in der Auseinandersetzung mit Kindern. Sie zeigt sich in den verschiedensten Facetten, aber alle Aspekte haben gemeinsam, dass sie uns als Erwachsene immer wieder aufs Neue hilflos machen, weil Angst ein Gefühl ist, das von der Vernunft und vom Verstand nicht zu steuern ist, sondern eigenen Gesetzen folgt, die zumeist ihre unbewussten Ursachen haben.

Sprachgeschichtlich leitet sich Angst aus dem indogermanischen *angh* ab, was so viel wie Enge bedeutet und sich auch in der Körpersprache ausdrückt: Angst lässt den Atem stocken, Angst wird als Enge im Brustraum erlebt, Angst veranlasst zur schützenden Gebärde der Hand auf die Brust und auch in der Mimik zeigt sich Angst in spezifischer Weise: Die Augen sind aufgerissen, der Mund wie zum Schrei geöffnet, der Ausdruck ist starr. Am eindrücklichsten ist Angst durch den norwegischen Maler Edvard Munch in seinem Bild „Der Schrei" symbolisiert. So erschreckend sich dieses Gefühl auch manifestieren mag, so gehört es doch nach Schelling und Kierkegaard als Grundemotion zu uns. (vgl. Kierkegaard 1984)

Eine zweite Wurzel zeigt sich in den englischen Begriffen *anger* und *to be angry*. Hieran lässt sich ablesen, dass Angst und Aggression offenbar eine enge Verbindung haben und oft wechselseitig als Abwehrreaktion benutzt werden. Aggression wird eingesetzt, um die Basisempfindung Angst nicht zu spüren, gemäß dem Motto „Angriff ist die beste Verteidigung". Im Gegenzug sorgt ein Ausleben der Angst auf dem Hintergrund einer ängstlichen, unsicheren und überangepassten Grundhaltung dafür, dass Aggression und aggressive Durchbruchsreaktionen nicht zustande kommen und aus dem Bewusstsein, wenn nicht gar aus der Lebensführung verbannt werden.

Um Angst in ihrem Wesen zu erfassen, muss zunächst zwischen realen Ängsten und übersteigerten bzw. neurotischen Ängsten unterschieden werden.

Reale Ängste sind notwendig, um einen Menschen körperlich oder seelisch vor Schaden zu bewahren. Diese Ängste besitzen damit eine wichtige Funktion. In der Pädagogik ist der Hinweis auf ängstigende Situationen existenziell notwendig, um kleine Kinder, die noch kein Bewusstsein für reale Gefahren haben, zu schützen. So wichtig es ist, ein Kleinkind auf gefährliche Situationen aufmerksam zu machen, so bedenklich ist ein Übertreiben der Fürsorge. Wird ein Kind vor jedem Wagnis, jedem Risiko gewarnt, züchtet man geradezu eine ängstliche Grundstruktur. Bei einem derartigen Wechselspiel bildet häufig eine ängstliche Struktur der Eltern den Hintergrund, wenn sie ihrerseits jeder Veränderung, jedem Neuen und Unbekannten mit Unsicherheit und Angst begegnen.

Unter neurotischen versteht man Ängste, die in ihrer Äußerungsform nur wenig mit realen Gefahrensituationen zu tun haben und in ihrer Auswirkung weit über ein nachvollziehbares Maß hinausgehen. Bei Kindern gehört zu diesen übersteigerten Ängsten die Tatsache, dass sie sich schwer beruhigen lassen und dass sie die Konfrontation mit der realen Situation nicht entlastet.

Facetten der Angst

Die dreieinhalbjährige Corinna liegt im Bett, das Abendritual ist abgeschlossen, sie soll schlafen. Nach kurzer Zeit steht sie schreckensbleich im Wohnzimmer bei den Eltern, außer sich vor Angst, zitternd, kaum in der Lage, Auskunft über den Grund ihrer Angst zu geben. Schließlich bekommen die Eltern heraus, dass im Kinderzimmer ein wildes Ungeheuer sei, welches das Kind auffressen wolle. Die Eltern bringen Corinna wieder zu Bett, machen das Licht an, zeigen und erklären, dass es keine Monster gibt, beruhigen das Kind und verlassen das Zimmer wieder. Doch dieselbe Situation wiederholt sich nach ein paar Minuten und dies mehrfach, sodass die Eltern am Ende entnervt das Kind im elterlichen Schlafzimmer zu Bett bringen und die Mutter sich danebenlegt, bis Corinna eingeschlafen ist.

In diesen bedrohlich erlebten Situationen, die Kinder im Vorschulalter häufig förmlich überfallen, zeigt sich, dass sie sich jeder vernünftigen Beschwichtigung entziehen; eine realitätsorientierte Erklärung wirkt nur vordergründig. Sobald die alte Situation wieder eingetreten, das Licht ausgeknipst und das Kind im eigenen Bett ist, beleben sich diese panischen Ängste von Neuem. Man muss davon ausgehen, dass es eine Vielzahl kindlicher Ängste gibt, die zwar durch eine äußere Situation ausgelöst, nicht aber verursacht werden. Sie sind häufig Ausdruck unbewusster Konflikte, die das Kind beunruhigen, für die es jedoch keine adäquate Lösung findet. Angstvolle und geängstigte Kinder fürchten sich vor Un-Heil, das sie existenziell bedroht oder sie in ihrer psychischen Identität in Frage stellt. Diese subjektiv erlebte Gefahr eines leibhaftigen Empfindens von Hilflosigkeit und Ungesichert-Sein kann sich zu panikartigen Angst-Attacken steigern.

Als Sekundärfolge der Ängste entsteht häufig die Angst vor der Angst. Das Kind zittert davor, erneut von der Angst überfallen zu werden und versucht, Situationen zu vermeiden, die erfahrungsgemäß ängstigend sind. So wird die Basis für einen angstvollen Charakter geschaffen, der unter Umständen menschliches Verhalten lebenslang prägen kann: Jedes Risiko wird gescheut, nur bekannte und damit sichere Situationen werden gesucht, sodass der sich wiederholende enge Kreis der Alltäglichkeit zum Sinn des Lebens zu werden droht.

Viele kindliche Ängste kreisen um die eigene Person und sind immer mit Gefühlen der Unsicherheit und Bedrohung verknüpft. Einschlafängste lassen sich in diesem Zusammenhang verstehen als Angst vor dem Verlust schützender Sicherheit, die das Bewusstsein jederzeit kontrollieren kann. Einschlafen heißt loslassen, sich fallen lassen, sich vertrauensvoll der Umwelt ausliefern und im Gefühl, sich in einen sicheren Hort betten zu können, die Kontrolle durch das Bewusstsein abzugeben.

Kinder, die unsicher sind, sich zu wenig im familiären Rahmen gehalten fühlen – und das hat nicht unbedingt mit einer objektiven Realität zu tun – haben Schwierigkeiten, sich angstfrei dem Unbewussten, für das der Schlaf steht, zu überlassen. Aber auch jenen, die in ihrer Bewusstseinshaltung stark von vernünftigen Vorstellungen und Argumenten der Erwachsenenwelt geprägt sind, kann es schwerer fallen, die Kontrolle aufzugeben, als solchen Kindern, die einen lebendigen Zugang zu ihren Gefühlen haben und darum die Einschlafsituation entspannt zulassen, sogar genießen können.

Beim Umgang mit Einschlafschwierigkeiten hat das Abendritual stützende und sichernde Bedeutung. Kinder sind darauf angewiesen, dass ihnen der Übergang vom Wach- zum Schlafbewusstsein erleichtert wird, damit sie darauf vertrauen können, auch im Schlaf vom Halt gebenden Dasein der Erwachsenen getragen zu sein. Darum sollte die Übergangsphase von einem Ritual begleitet sein, sodass dem Unwägbaren des Schlafes und seiner möglichen Beunruhigung eine positive Schutzerfahrung zur Seite gestellt wird. Hierzu gehört das gemeinsame Besprechen der am Tag geschehenen Dinge, das Abendlied, je nach religiöser Ausrichtung der Eltern auch das Abendgebet, und, als wichtige Komponente, auch die Gutenachtgeschichte in Form von Märchen, Mythen, Erzählungen. Über die ruhige Stimme des erzählenden Erwachsenen kann sich bereits eine Atmosphäre von Gelöstheit und Gelassenheit einstellen. Zusätzlich kann auch der Erwachsene das Abendritual für sich selbst als Möglichkeit nutzen, Abstand vom Alltag, von Getriebenheit und Fremdbestimmung zu gewinnen und im Verweilen Ruhe und Entspannung gewissermaßen vorbildhaft zu leben. Diese Form einer nicht vom Intellekt gesteuerten Selbstkonzentration ist einer positiven Suggestion vergleichbar, die den Kindern das Hinübergleiten ins Traumland erleichtert. Nicht selten schlafen auch die Eltern dabei ein!

Wesentlich ist insgesamt die Verlässlichkeit und Regelmäßigkeit des Rituals. Es sollte nicht abhängig gemacht werden vom Wohlverhalten des Kindes während des Tages oder zusätzlich als Forum für Vorwürfe und Ermahnungen missbraucht werden. Mithilfe eines Teddybären oder anderer weicher und kuscheliger Stofftiere kann das Kind zusätzlich Ängste bannen. Diese können als Übergangsobjekte stellvertretend für die Wärme der Eltern stehen, sodass auf deren reale Anwesenheit leichter verzichtet werden kann. Nicht selten sind diese Übergangsobjekte bis in die Pubertät wichtig.

So sagte die 14-jährige Mila: *„Meine Kuscheltiere* (auf Nachfrage nannte sie elf – es könnten aber auch mehr sein) *sind mir ganz wichtig. Sie brauchen so viel Platz, dass es richtig eng ist im Bett, aber ich fühle mich dann so sicher, auch wenn Mama meint, ich sei langsam zu alt für diese Art Trost."*

Im engen Zusammenhang mit den Einschlafängsten stehen Dunkelängste. Ein unsicheres Kind betrachtet Dunkelheit als etwas Bedrohliches, sieht etwa, wie die kleine Corinna (s. oben), in Schattenspielen oder Möbelstücken in der Dunkelheit gefährliche Tiere und fühlt sich davon bedroht. Dunkelängste haben, psychologisch gesehen, oft noch einen weiteren Aspekt: Das Kind hat aufgrund elterlicher Interventionen häufig gelernt, Triebimpulse – seien sie sexueller oder aggressiver Natur – als „böse" einzustufen und sie aus dem Bewusstsein zu verdrängen. Im Dunkel scheint die Gefahr zu lauern, dass sich diese Gefühle gewissermaßen durch die Hintertür hereinschleichen, wodurch Ängste ausgelöst werden, die zumeist als Bedrohung beispielsweise durch Einbrecher erlebt werden. Das Kind fühlt sich deshalb diesen Gefühlen der Hilflosigkeit so ausgeliefert, weil ihm seine Abwehr, die tagsüber als Kontrolle wirksam ist, nachts im Schlaf nicht zur Verfügung steht.

Wünsche und Bedürfnisse lösen sich nicht durch Verdrängung. Sie wollen gesehen und in ihrer Tatsächlichkeit anerkannt werden. Diese Botschaft lässt sich durch einen Mythos leichter vermitteln als durch noch so liebevoll

gemeinte Ermutigungen, weil im Mythos der überge-
ordnete Aspekt einer kollektiven Wahrheit vermittelt wird.

Mythos: *Herakles und Zerberus, der Hund der Unterwelt*
Die letzte und schwierigste Aufgabe, die Herakles zu lösen hatte, war,
Kerberos, den Hund der Unterwelt, ans Tageslicht zu holen. Dieser
Hund hatte drei, manche berichten 50 Köpfe und einen Schlangen-
schwanz. Er war verwandt mit der Hydra von Lerna, die Herakles
einst mithilfe seines Neffen überwältigt hatte. Zerberus bewachte den
Eingang zur Unterwelt. Geleitet von der Schutzgöttin Athene stieg
Herakles hinab in das Reich der Toten. In der Unterwelt fühlte
Herakles mit den Schatten der Verstorbenen Mitleid und gab ihnen zu
trinken. Pluto oder Hades, der Gott der Unterwelt, gestattete ihm
zwar den Hund mitzunehmen, er musste jedoch auf seine Waffen
verzichten, sich gewissermaßen hautnah auf den Höllenhund einlas-
sen und ihn mit seinen eigenen Händen an die Oberwelt befördern.
Nachdem sein Onkel, der ihm immer wieder schwierige Aufgaben ge-
stellt hatte, über den Hund so erschrak, dass er sich in einem Gefäß
verbarg, brachte Herakles den Hund wieder zurück in die Unterwelt.

Welche Symbolik steht hinter dieser Geschichte?
Die Unterwelt steht sinnbildlich für das Unbewusste, eben
jenen Bereich, in dem die Dunkelängste, die Ängste vor der
eigenen wilden Triebnatur zu Hause sind. Herakles wagt,
sich mitfühlend dieser Welt zu nähern. Er konfrontiert sich
hautnah mit den gefährlichen Eigenschaften eines Unge-
heuers statt zu flüchten. Und nicht nur das: Der Hund als
Träger gefürchteter und lieber in den Untergrund ver-
drängter Eigenschaften wird in die Oberwelt gebracht. Das
bedeutet, dass das Dunkle ins Licht des Bewusstseins dringt
und damit die Chance hat, integriert zu werden.

Kinder können aus dieser Bildergeschichte lernen, dass Dunkles so lange erschreckend ist, als es im wahrsten Sinne ein Schattendasein führt. In der Konfrontation und der persönlichen Berührung kehren sich die Kräfteverhältnisse um: Herakles brachte den Hund ans Tageslicht. Ängstigend ist er in diesem Augenblick nur für den, der sich eine Macht angemaßt hat, die ihm eigentlich nicht zusteht, wie es beim Onkel des Herakles der Fall war. Für denjenigen, der seine eigenen Schattenseiten kennengelernt und akzeptiert hat, verliert das Ungeheuer in der Unterwelt seine Schrecken. Im Dunkel sind aber auch die eigenen Wünsche und Bedürfnisse verborgen, Wünsche, die nicht selten maß- und rücksichtslos sind und in ihrer Verwirklichung Gefahren in sich bergen. Gerade Jugendliche verkennen oft die Gefahr unreflektierter Triebbefriedigungen, die im Augenblick Entlastung versprechen. Sie sind häufig in naiver Weise überzeugt, diese Gefährdung steuern zu können, und sind erschüttert, wenn sie aus dem Teufelskreis der Sucht nicht mehr herausfinden.

Die 14-jährige Louise äußerte im Gespräch in vordergründig beeindruckender Lockerheit: „Ich probiere gerade alles: Ich kiffe, trinke Wodka, rauche, wenn ich Lust habe. Mir wird es schon nichts ausmachen, Hauptsache, ich habe im Augenblick meinen Spaß. Und ins Koma werde ich mich schon nicht saufen…"

Im nachfolgenden Mythos wird sowohl der Wunsch, aber auch die Gefahr beschrieben. Wie können unsere Kinder mit Wünschen und Wunscherfüllung umgehen?

Mythos: *Odysseus und die Sirenen*
Eines der zahlreichen Abenteuer des Odysseus führte ihn zur Insel der Sirenen. Odysseus war von der Zauberin Kirke gewarnt worden, dass

alle Menschen, wenn sie den betörenden Gesang der Sirenen hörten, dort unbedingt landen wollten und im Anschluss von den Sirenen getötet würden. Odysseus hatte den großen, aber sehr gefährlichen Wunsch, den zauberhaften Gesang der Sirenen zu hören. In Anbetracht der Gefahr füllte er seiner Mannschaft die Ohren mit geschmolzenem Wachs. Sich selbst ließ er an den Mast binden und befahl seinen Kameraden, dass sie, wenn er sie bäte, ihn loszubinden, die Seile noch fester schnüren sollten. Als sich das Schiff den Sirenen näherte, war Odysseus berauscht von ihrem schönen Gesang, in dem sie versprachen, ihm die Zukunft zu enthüllen, wenn er zu ihnen kommen würde. Odysseus war so besessen von dem Wunsch, den Sirenen nahe zu sein, dass er alle Gefahr vergaß und begehrte, losgebunden zu werden. Getreu seiner Instruktion schnürten die Seeleute die Seile noch fester, bis sie sich aus dem Gefahrenbereich entfernt hatten.

Odysseus ist bekannt dafür, dass er seine Wünsche nicht mit roher Gewalt, sondern mit List durchsetzte oder aber, als Gebot der Klugheit, auf ihre Verwirklichung verzichtete.

Kinder können am Abenteuer mit den Sirenen zweierlei lernen. Zum einen in der Betrachtung der eigenen Wünsche zu prüfen, ob deren Erfüllung wirklich lohnend ist, d. h. abzuwägen, ob eine mögliche Gefahr bei der Durchsetzung des Wunsches so groß ist, dass es sinnvoll ist, trotz allen Sehnens darauf zu verzichten. Zum anderen zeigt Odysseus, „der Listenreiche", dass mit Hilfe von Fantasie und Kreativität eine Kompromisslösung möglich ist. Gerade diese aber verlangt Selbstbewusstsein und den Mut, das Gefährliche einer Situation und die dazu gehörige Angst angemessen einzuschätzen. Das erfordert einen eigenen Standpunkt und verhilft zu Standfestigkeit. Diese Tatsache wird nicht zuletzt im Bild der aufrechten Position am Mast deutlich. Aufrecht, standfest und doch gebunden – eine Vorsichtsmaßnahme hinsichtlich einer bedrohlichen Situation, die möglicherweise von der eigenen Person noch nicht ausreichend sicher gehandhabt werden kann. Sich in seinen Wünschen ernst zu nehmen, sich der eigenen Grenzen bewusst zu werden, das sind echte und wirksame Strategien im Umgang mit der Angst.

Phobische Ängste sind auf Angstobjekte, zumeist auf Tiere, gerichtet. Sie werden, unabhängig von der realen Gefahr, mit nahezu lebensbedrohenden Attributen ausgestattet und lösen Panik aus (z.B. bei Spinnen und Mäusen). Diese Empfindungen können die Lebensführung massiv einschränken, weil zumeist umfangreiche Vermeidungsstrategien inszeniert werden müssen.

Die zehnjährige Tine brach angesichts von Gummischlangen in meiner Praxis in panische Entsetzensschreie aus, rannte kreideweiß aus dem Zimmer und ruhte nicht eher, als bis ich die Schlangen in einem Schrank verstaut hatte. Für viele Stunden vergewisserte sie sich immer wieder, ob die Schlangen noch an ihrem Platz seien. Tine hatte keinerlei erschreckende Realerfahrungen mit Schlangen gemacht; somit muss diese Angst als ein Schutzmanöver gegenüber tiefer liegenden Problemen verstanden werden.

Indem bei phobischen Ängsten ein bestimmtes Objekt gemieden wird, kann Angst als Ganzes auf dieses Objekt konzentriert werden und bedroht ein Kind nicht mehr als diffuses Angstsyndrom. Die Aufgabe der Therapie ist es, zusammen mit dem Kind herauszufinden, welches ungelöste Problem sich hinter der Phobie versteckt und was tatsächlich für das Kind bedrohlich ist. In Tines Fall handelte es sich im Wesentlichen um das Thema der Sexualität und Aufklärung, mit dem sich das Mädchen allmählich auseinandersetzte, sowie der Funktion des Männlichen, welche auf dem Hintergrund einer problematischen Vaterbeziehung als irritierend, bedrohlich und beängstigend erlebt wurde.

Betrachtet man das Symbol der Schlange genauer, versteckt sich dahinter jedoch nicht nur das Männliche in Verbindung mit männlicher Sexualität, sondern gleichzeitig auch ein Aspekt des Weiblichen als verführerisches, irritierendes Moment (vgl. Egli 2003, S.16ff.). In jedem Konflikt geladenen Thema findet sich auch ein Hinweis auf Lösung: Die Schlange in ihrer vielseitigen Symbolik ist ein Wandlungssymbol. So wie sich die Schlange häutet und damit gewissermaßen zu einer neuen Identität findet, vereint sie auch zwei Gegensätze: Den gefährdenden, vernichtenden Aspekt einerseits und den der Erkenntnis und Weisheit andererseits.

Die Phobie weist somit auf eine notwendige innerpsychische Entwicklungs- und Wandlungsaufgabe hin. In der Vorpubertät geht es für ein Mädchen nicht nur um die Klärung der Beziehung zum Männlichen, dem Mut, diesem zu begegnen, sich beziehungsbereit anzunähern, sondern zu gleichen Teilen um die positive Akzeptanz der eigenen weiblichen Identität. Das setzt die Erkenntnis der Vielschichtigkeit des Weiblichen in seinem positiv nährenden wie negativ verschlingenden Aspekt voraus.

Weicht ein Mädchen vor dieser Herausforderung zurück, stagniert die Entwicklung. Es verharrt in einer unverbindlichen Kindlichkeit, was sich nicht selten im Symptom der Magersucht niederschlägt.

Aber auch für einen Jungen stellt sich diese doppelte Aufgabe, die Gefahr und positive Herausforderung gleichermaßen bedeutet. Ist der Vater in seiner Rolle und Haltung autoritär, nicht bereit aus seiner überlegenen Machtposition zurückzutreten und dem heranwachsenden Sohn Raum zu gönnen, weicht jener vor progressiven Entwicklungsschritten zurück, was ein Verhaftetbleiben im mütterlichen Bereich nahezu erzwingt. Damit wird der Sohn eben diesem geschilderten Doppelaspekt des Weiblichen ausgeliefert und bleibt in der Rolle des verwöhnten und gleichzeitig gebundenen Sohngeliebten hängen, was einem seelischen Persönlichkeitsverlust gleichkommt.

Mythos: *Odysseus zwischen Skylla und Charybdis*
Die Heimkehr des Odysseus nach seiner Heimatinsel Ithaka dauerte bekanntlich zehn Jahre. Immer wieder musste er lebensbedrohende Abenteuer bestehen, die ihn in Geduld, Tapferkeit und klugen Überlegungen immer neu herausforderten. Die Zauberin Kirke hatte ihn vor einer gefährlichen Meerenge gewarnt. Die Durchfahrt wurde einerseits durch die abgründigen Strudel der Charybdis, die jedes Schiff in die Tiefe zogen, bedroht, auf der anderen Seite durch Skylla, ein vogelähnliches Ungeheuer mit sechs Köpfen, das die Menschen verschlang. Beiden Gefahren, denen aus der Tiefe und aus der Höhe waren Durchreisende hilflos ausgeliefert. Odysseus gebot seinen Männern dicht unter den überhängenden Felsen gegenüber dem gefährlichen Strudel vorbei zu rudern. Er selbst versuchte, sich mit seinen Waffen dem Kampf mit dem sechsköpfigen Ungeheuer Skylla zu stellen, obwohl die Zauberin Kirke auf die Nutzlosigkeit einer solchen Aktion hingewiesen hatte. Als seine Aufmerksamkeit einen Augenblick durch die Strudel der Charybdis abgelenkt war, riss Skylla mit jedem Kopf einen seiner Männer von den Ruderbänken. Er konnte zwar ihren Tod

nicht verhindern, entging jedoch seinerseits mit dem Rest seiner Mann-
schaft der doppelten Gefahr.

Dieser Mythos ist sprichwörtlich geworden für eine schier aussichtslose Situation, in der jeder Schritt zur existenziellen Gefährdung wird. Und trotzdem kann man nicht verharren, weil Leben Fortgang und Weiterentwicklung heißt. In Bezug auf die Entwicklungsaufgabe von Mädchen wie Jungen könnte der Mythos in symbolischer Sprache vermitteln, ein Gleichgewicht zwischen Kräften des Weiblichen und des Männlichen herzustellen. Äußerlich betrachtet heißt es, dass Väterliches wie Mütterliches in einer gleichberechtigten Ausgewogenheit erlebbar sein sollten. Als innerpsychisches Geschehen muss ein Kind in sich aktiv handelnde ebenso, wie passiv rezeptive Empfindungen in ein inneres Gleichgewicht bringen. Jede Einseitigkeit ist gefährlich: Die ausschließliche Ausrichtung auf das luftige Prinzip in Gestalt der Skylla verstärkt die Gefahr durch Charybdis als verschlingendes Prinzip. Die einseitige Fixierung auf die Gefahren aus dem Untergrund verhilft dem luftigen Prinzip zur gefährdenden Dominanz.

Was heißt das für unsere Kinder? Die fehlende positive Nähe zum Weiblichen im Sinn einer angemessenen Identifikation korrespondiert bei magersüchtigen Mädchen zumeist mit einem hohen intellektuellen Anspruch und einer umfassenden Leistungsorientierung. Es sind nicht mehr die freundlichen Weiten einer lebendigen Geistigkeit, die das Luftprinzip symbolisiert, sondern eine verstiegene Intellektorientiertheit, die von der sechsköpfigen fressenden Skylla symbolisch dargestellt sein könnte. Umgekehrt finden Jungen angesichts der vielfach fernen oder fehlen-

den Väter keine positive männliche Identifikationsmög-
lichkeit. Es eröffnen sich ihnen damit zu wenige positive
geistige Perspektiven. Damit bleiben sie im mütterlichen
Raum gefangen, der sie in ihrer männlichen Identität aus-
zulöschen droht.

Auch Odysseus hat noch keine adäquate Lösung gefunden. Er wagt zwar, sich der Gefahr aus der Luft kämpfe-
risch gegenüberzustellen, doch die Faszination durch die
Untiefen überrascht ihn, fesselt ihn, so dass Männlichkeit,
in Gestalt seiner Gefährten vernichtet wird. Vielleicht enthält dieser Mythos auch die Ermutigung für Eltern in der
Erziehung zwischen ängstigenden Polen einen entwick-
lungsfördernden Weg zu wagen?

Eine weitere Kategorie der Ängste betrifft das direkte Umfeld des Kindes. Kinder leben in realer Abhängigkeit von
den Eltern, sind existenziell auf Geborgenheit und Schutz
seitens der Familie angewiesen. Ohne einen solchen Schutz
können Kinder weder physisch noch psychisch überleben.
Daher ist jede Bedrohung der Sicherheit dieses Umfeldes
mit großen Ängsten besetzt. Hierzu nannten Kinder,
denen ich in der Therapie begegnete, vor allem die Angst
vor Streit, Disharmonie und Scheidung der Eltern. Diese
Ängste haben einen sehr realen Kern, denn vor allem in
den Ballungsräumen wird nahezu jede zweite Ehe geschieden. Kinder sind in den Kleinfamilien heute besonders
dicht in die Beziehung der Eltern hineinverwoben. Sie erleben Streit und Auseinandersetzungen hautnah mit und
leider viel seltener die notwendige Versöhnung. Aufgrund
dieser Tatsache und der im kindlichen Umfeld immer
wieder erfahrenen Realität des Auseinanderbrechens von

Familien identifizieren sich Kinder mit den Beziehungs-katastrophen ihres Umfeldes, wodurch sich ganz allgemein Trennungs- und Verlustängste verstärken.

Leider ist vielen Eltern zu wenig bewusst, wie ängstigend die durch Streit und Trennung provozierten Loyalitäts-konflikte sind. Nicht selten wird der Versuch, beiden Eltern gleichermaßen gerecht zu werden, um Ängsten und Schuld-gefühlen zu begegnen, zu einer Überforderung, an der die Kinder innerlich zerbrechen.

Eine weitere Angst von Kindern ist die vor liebloser und ungerechter Behandlung. Hierbei muss man sich klar-machen, dass Leiden an Ungerechtigkeit nicht zwingend Ausdruck eines objektiven Mangels ist, sondern oft subjektiv vom Kind so erlebt wird, nicht selten vor dem Hintergrund einer unbewältigten Geschwisterrivalität.

Mittlere Kinder, die so genannten „Sandwichkinder", füh-len sich häufig eher übersehen, weil sie keine klar definierte Rolle haben. *„Im Fall der Pflichten bin ich schon groß, geht es um Rechte, bin ich klein"*, klagte der zwölfjährige Lukas, mittlerer von drei Brüdern.

Ein zweites Kind, gleichen Geschlechts wie das erste, er-lebt sich häufig als weniger wahrgenommen, damit weniger wertvoll und glaubt dann oft, über provozierendes Verhal-ten auf sich aufmerksam machen zu müssen. Dahinter verbirgt sich ein wenig belastbares Selbstwertgefühl als Ausdruck einer angstgespeisten Gewissheit, die subjektiv erlebte geringere Wertschätzung sei berechtigt. Die negati-ve Reaktion der Umwelt auf das provozierende Verhalten bestätigt dies Gefühl, sodass sich damit der Teufelskreis von Angst und Aggression verselbstständigt.

Jan, fünf Jahre, hat einen eineinhalb Jahre älteren Bruder und eine drei Jahre jüngere Schwester. Vor allem in der Öffentlichkeit, beim Einkaufen oder auf dem Spielplatz bekam er aus Gründen, die für die Mutter unerfindlich waren, seine „Anfälle".

Er warf sich auf den Boden, schrie, strampelte, tobte oder jammerte wie ein Kleinkind. Die Mutter fühlte sich blamiert und versuchte, ihn mit allen Mitteln zur Vernunft zu bringen. Schließlich zog sie sich zurück und strafte ihn mit Liebesentzug, womit die psychologische Notwendigkeit, auf sich aufmerksam zu machen, für den Jungen noch drängender wurde.

Als weitere Angst wird die Versagensangst genannt, die Angst, den Erwartungen der Umwelt, sei es Familie, Kindergarten oder Schule, nicht zu entsprechen. Forderungen werden in diesem Zusammenhang nicht als lustvoller Beweis eigenen Könnens eingestuft, sondern als Überforderung, die mit der Angst verknüpft ist, ihr nicht gewachsen zu sein. Die daraus resultierende Angst vor dem eigenen Versagen ist vor allem deshalb bedeutsam und berechtigt, weil Kinder heute in einer Zeit aufwachsen, die zunehmend von Passivität und Konsumorientierung geprägt ist. Sie sind immer weniger gewöhnt, eigeninitiativ, selbsttätig und kreativ zu handeln.

Fehlende Erfolgserlebnisse als Ergebnis eigenständigen Tuns dürften eine der Ursachen für die vielfach beobachtete geringere Belastbarkeit und Frustrationstoleranz von Kindern sein. Es fehlen innere Erfahrungsmodelle für konstruktive Lösungen in äußeren oder inneren Konfliktsituationen.

In dieser Hilflosigkeit werden Erwartungen des Umfeldes und Forderungen, den eigenen Alltag sinnvoll planend zu gestalten, schnell zu einer überfordernden Sackgassen-Situation, die Selbstzweifel und depressiv-resignative Reaktionen auslöst.

In verstärktem Maße wird von Kindern auch die Gruppen-situation als eine Quelle der Beunruhigung genannt: Ängste, äußerlich und innerlich nicht akzeptiert zu sein, was sich in der falschen Kleidung, dem nicht gruppen-konformen Verhalten, dem Abweichen vom gängigen Schönheitsideal oder dem negativ bewerteten Wesen aus-drückt. Die Folge, gemobbt, isoliert oder ausgegrenzt zu werden, kann vor allem Heranwachsende so belasten, dass nicht selten suizidale Krisen die Folge sind. Kinder verarbeiten eine fehlende Sicherheit in der Gruppen-situation meist noch anders: Sie spielen sich in unange-messener Weise in den Mittelpunkt, geben den Klassen-clown oder Prügelknaben, nach dem Motto: Beachtet zu werden, selbst unter Schmerzen, ist besser, als nicht ge-sehen zu werden.

Diese vielschichtigen Ängste haben eines gemeinsam: Sie entstehen aus einer engen Gebundenheit, wenn nicht Ab-hängigkeit vom Umfeld. Wünsche nach Halt und Orien-tierung müssen jedoch zunehmend als von der eigenen Person zu lösendes Problem erkannt und gemeistert werden. Es soll sich Freude an Eigenständigkeit, an Auto-nomie und selbstbestimmtem Handeln entwickeln. Nur in der Tatkraft verbirgt sich die Chance auf größere Angst-freiheit. Eigenständigkeit fördert Selbstbewusstsein. Auf diesem Boden kann das Vertrauen in die eigene Kraft, die auch mit schwierigen Situationen fertig wird, wachsen.

Mythos: *Herakles und die Ställe des Augias*
Augias war der König von Elis an der Westküste des Peloponnes. Der Sonnengott Helios wurde als sein Vater bezeichnet. Dies verdeutlicht auch der Name des Königs, als „der Strahlende". Aus seinen Augen leuchteten Sonnenstrahlen; er verfügte jedoch auch über eine dunkle Kehrseite: Der Mist seiner Kühe füllte seine Stallungen in einem Maße, dass die Luft des ganzen Reiches verpestet wurde. Ein Metopenbild zeigt, wie Herakles mit Schwung Spaten und Besen gebraucht. Die eigentliche Heldentat bestand jedoch darin, dass er die Grundmauern des Gehöftes öffnete und die Flüsse Alpheies und Peneies durch die Ställe leitete und sie so reinigte.

Welche Wahrheit verbirgt sich hinter diesem Mythos?
Im Grunde ist es das Wagnis zur Eigenständigkeit, zur kreativen Haltung, zum Mut, Ungewöhnliches zu tun. Nie hätte selbst ein Herakles diese Aufgabe in herkömmlicher Weise lösen können: Hacke und Schaufel hätten sich als unbrauchbare Werkzeuge erwiesen, um mit der Fülle des Unrates fertig zu werden. Herakles bekam von niemandem einen Ratschlag. Es war sein eigener Einfall, der ihm jedoch nur ein-fallen konnte, weil er offen war für eigene kreative Lösungen, statt in Abhängigkeit Problemlösungen von anderen zu erwarten.
Kinder zu ihren eigenen Einfällen zu ermutigen, ihnen nicht die „richtige" Lösung vorzuschreiben, sondern den Mut zum Wagnis zu unterstützen, das ist wichtige Erziehungsaufgabe, um die Entwicklung von Selbstbewusstsein positiv zu unterstützen.

Ein weiteres Angstthema umreißt die Zukunft. Zukunft wird mehr und mehr unter dem Aspekt des Unwägbaren,

Bedrohlichen erlebt: Die immer raschere Entwicklung, die unüberschaubare Technologie, die den Kindern von klein auf nahe gebrachte Ideologie, dass nur derjenige, der optimale Leistungen erbringt, überhaupt noch Chancen in der Welt von morgen hat. All das veranlasst Kinder häufig in Angstvermeidung die Dimension der Zukunft auszublenden, in einer kindlichen Anspruchshaltung zu verharren, die nur auf Versorgung ausgerichtet ist, und die eigenen Fähigkeiten zu aktiver Leistung nicht zu entwickeln. Dass diese Tatsache immer mehr zum gesellschaftlichen Problem und den Kindern von der erwachsenen Generation vorgelebt wird, schildert der amerikanische Autor Robert Bly sehr anschaulich in seinem Buch „Die kindliche Gesellschaft".

Das fehlende Zutrauen in die eigenen schöpferischen Möglichkeiten, der Mangel an Übung und die fehlenden Erfolgserlebnisse verstärken Irritation und Unsicherheit, sodass die logische Konsequenz häufig eine Verweigerung progressiver Entwicklungsimpulse ist. Nicht umsonst wurde die Generation der jüngeren Erwachsenen, als sie im Kinder- und Jugendlichenalter war, auch die „Null-Bock-Generation" genannt, die für sich selbst keine positive Zukunftsvision entwerfen konnte.

Null Bock bzw. *No Future* weist auf eine zutiefst passiv-resignative Grundhaltung hin, die an den eigenen Möglichkeiten zur Veränderung zweifelt, sodass die sich einstellenden Ängste eigentlich die vor der Lebendigkeit des Lebens selbst sind. Damit gibt es keine progressive Entwicklung, keine Freude an Veränderung, keine Lust auf Weiterentwicklung. Im Zusammenhang damit steht die Angst vor der Zerstörung der Lebensqualität, vor Umweltvernich-

tung und damit die Vorstellung, dass Kindern und Jugendlichen auch äußerlich die Basis für Leben und Weiterentwicklung genommen wird.

Kinder formulieren oft schon sehr überzeugend ihre berechtigte Angst, dass die Ressourcen der Erde nicht mehr
ausreichen. Absurderweise werden hierbei jedoch nicht
primär die Basis-Ressourcen genannt, sondern die Ver-
günstigungen des Luxus, der Genussfreude und des unbe-
kümmerten Konsums.

Ein Zwölfjähriger drückte dies so aus: *„Ich habe Angst davor,
dass ich nicht mehr alles so kaufen kann, wie ich es möchte und wie es
mir einfällt, dass ich auf bestimmte Dinge verzichten muss, nicht
mehr diese Klamotten habe, die meine Eltern mir kaufen können und
nicht mehr „in" bin, nicht mehr all das habe, was ich brauche, um
mich gut zu fühlen. "*

Eine weitere Angstdimension, die mehr und mehr auch
Kinder erfasst, ist die Angst vor der Bedrohung durch
lebensgefährliche Krankheiten und vor dem Tod. Schon
Kinder erleben immer wieder, dass andere Menschen sterben, seien es Großeltern, aber auch Gleichaltrige, und sie
merken, in wie starkem Maß das Leben wirklich jeden Tag
neu infrage gestellt werden kann. Diese Endgültigkeit, mit
der ein Lebensfaden abgeschnitten wird, ist für Kinder
schwer zu verarbeiten, weil dies immer mit einem Verlust
an Halt und Geborgenheit verknüpft ist. Indem auch
Eltern im Umgang mit dem Sterben oft hilflos sind, werden Krankheit und Tod als scheinbar zum Leben nicht
gehörend ausgeblendet. Kinder können damit keine natür-
liche Einstellung zum Leben als einer lebendigen Entwicklung zu einem Ende, das Tod heißt, lernen. Hinzu kommt,

dass die religiöse Perspektive in ihrem sinnstiftenden Gehalt mehr und mehr an Bedeutung verloren hat. So fehlt den Kindern eine emotionale und geistige Stütze, die eine über den familiären Rahmen hinausgehende Sicherheit vermitteln kann, mit deren Hilfe sie auch die grausamen und düsteren Seiten des Lebens verarbeiten können. Sie müssen sich darum zwangsläufig immer stärker unwägbaren, diffusen Ängsten ausgeliefert fühlen. Daraus resultiert eine weitere Angst, die das Leben selbst fragwürdig und nachgerade sinnlos erscheinen lässt.

Sichtbare, hörbare und fühlbare Ängste sind immer Ausdruck eines in seiner Ausgewogenheit gestörten inneren Gleichgewichtes. Sie signalisieren eine aktuell oder chronisch verstörte kindliche Psyche. Zusätzlich ängstigend ist die Tatsache, dass der Halt, der früher in Familie und Sippe, im Traditionsbewusstsein wie selbstverständlich vermittelt wurde, zunehmend fehlt. Er zerfällt in der Flüchtigkeit einer mobilen Gesellschaft, in oberflächlichen und offensichtlich austauschbaren Bindungen an Orte und Menschen. Damit verbunden erleben bereits Kinder den Ablauf der Zeit unter dem Aspekt der Hektik. Das spielerische Verweilen in den unendlichen Augenblicken der Gegenwart wird ausgetauscht mit dem Empfinden der rasend schnell vergehenden Zeit; das wird heute bereits von Jugendlichen so geäußert.

Mythos: *Theseus und Prokrustes*
Theseus war ein mutiger Held, der sich danach sehnte, ähnliche Taten zu vollbringen wie Herakles. Er wählte die berüchtigte Straße über den Istmos, die von Geächteten und Mördern bevölkert war.

Dort begegnete er einem Schurken, Damastes, der sich als freund-
licher Gastgeber tarnte. Er bot den Vorüberreisenden sein Bett an.
Denjenigen, die zu groß waren, hackte er die überstehenden Glied-
maßen ab, während die Reisenden, die für das Bett zu klein waren,
gedehnt wurden.
Offensichtlich gab es mehr kleine Leute, denn das Dehnen trug
Damastes den Namen Prokrustes ein. Das Prokrustesbett ist seitdem
sprichwörtlich geworden. Theseus seinerseits überwältigte Prokrustes
und tat ihm das Gleiche an, was er den Vorbeikommenden zugemutet
hatte. Ob er ihn verkürzte oder dehnte ist nicht überliefert.

Die vielfältigen Ängste hinsichtlich der Umwelt und des
Umfeldes veranlassen Menschen sehr schnell, in größt-
möglicher Anpassung die Illusion zu pflegen, dass damit
Ängste bewältigt, zumindest in Schach gehalten werden.
Überanpassung bedeutet jedoch immer auch einen Verlust an Individualität. Sich einer Norm anzupassen schützt
zwar vordergründig vor Gefahr, Prokrustes zeigt jedoch
mit seiner drastischen als Symbol zu verstehenden Handlung, dass damit die Persönlichkeit, die sich auch in einer
individuellen Körpergröße ausdrückt, verloren geht.
Weitergehend heißt Verlust an eigenem Profil auch Tod
individuellen So-Seins. Wir können mit diesem Mythos
Kinder ermutigen, zu ihrer eigenen Persönlichkeit zu
stehen, und das heißt auch, „ja" und „nein" am richtigen
Ort zu sagen. Das kann für eine genormte Allgemeinheit
unbequem sein. Es kann Angriff, Ächtung, Isolation zur
Folge haben. Es ist aber auch eine Herausforderung, sich
selbst treu zu bleiben und an den Widerständen einer
ängstlichen, Profil vermeidenden Allgemeinheit zu wachsen.

Forscht man nach der Ursache von Ängsten, fällt auf, dass es keine ängstlichen Kinder gibt, die nicht in irgendeiner Form auch angsterfüllte Eltern haben. Die Ängste der Eltern sind diesen oft nicht bewusst, sie werden ausgeblendet, verdrängt mithilfe einer autoritären oder übermäßig gewährenden Erziehungshaltung. Die autoritäre Erziehungshaltung vermittelt dem Kind, dass es nur einen einzig richtigen Weg durchs Leben gibt. Damit blendet der Erwachsene für sich selbst die ängstigende Tatsache aus, dass das Leben viel häufiger aus Umwegen, Seitenstraßen und Sackgassen besteht. Außerdem negiert diese Haltung die Notwendigkeit, eigene Fehler wahrzunehmen und damit Kindern zu vermitteln, wie über Irrtum und Korrektur neue Lösungswege in ängstigenden Situationen beschritten werden können. Die scheinbar angstfreie Geradlinigkeit eines Erwachsenen bewirkt beim Kind das Gegenteil: Es wird unsicher, irritiert, von vielen Empfindungen hin- und hergerissen und insgesamt so ängstlich wie der Erwachsene sicher erscheint.

Viele Eltern neigen andererseits heute dazu, in gewährender Haltung keine klaren Grenzen zu ziehen. Hinter überzogener Verantwortungsbereitschaft verbergen sich häufig eigene Ängste, die durch eine übermäßige Fürsorge für ein ängstliches Kind kompensiert und aus dem Bewusstsein verdrängt werden. Die eigenen Ängste verlieren an Gewicht angesichts der Notwendigkeit, ein ängstliches Kind zu trösten. Hüten und Behüten stärkt ängstliche Eltern und stabilisiert eine unsichere Psyche. Auf dieses Phänomen weist Marie von Ebner Eschenbach hin, wenn sie sagt: „Die, denen wir Sicherheit geben, sind uns der größte Halt." (Ebner Eschenbach 2002)

Ina, ein Mädchen von 4½ Jahren, kam wegen massiver Ängste in meine Praxis. Sie verbrachte keine Nacht in ihrem eigenen Bett, litt darüber hinaus an massiven Trennungsängsten, klammerte sich bei jeder Gelegenheit an ihre Mutter und erlaubte ihr nicht einmal, allein auf die Toilette zu gehen. Bei unserem ersten Kontakt malte Ina spontan eine Spinne mit blauem Körper und einer großen Zahl rosa gefärbter Beine und erklärte: Dies sei eine sehr gefährliche Spinne, außerordentlich beängstigend. Während Ina malte, sah ich die Mutter an und diese schaute an sich selbst herunter: Sie trug blaue Jeans und einen rosa Pullover.

Spinnen gelten in der Tiersymbolik in der Regel als Repräsentanten des Weiblich-Mütterlichen. Das ursächliche Problem war jedoch nicht die Mutterbindung der kleinen Ina, sondern ein ängstigender Abhängig-keitskonflikt, den Inas Mutter mit ihrer eigenen Mutter noch nicht ausgetragen hatte: Diese Frau war rigide und autoritär und strafte Inas Mutter auch noch als Erwachsene mit Liebesentzug, Aggression und Demütigung, wenn diese sich nicht so verhielt, wie es ihre Mutter wollte. Damit wird deutlich, dass Inas Angst eigentlich die Angst ihrer Mutter vor der Großmutter war. Die Ängste des Kindes bildeten hier den Schlüssel für die Mutter, ihr eigenes Mutterproblem zu bearbeiten.

Angst wird in diesem Zusammenhang häufig unbewusst projiziert: Die eigenen angstvollen Gefühle werden nicht mehr bei sich selbst wahrgenommen, sondern beim Kind groß und überzeichnet erlebt. Diese Projektion der eigenen Problematik erleichtert dem Projizierenden ein relativ angstfreies Leben, wohingegen derjenige, der als Leinwand für diese Projektionen dient, die ganze Last der Empfindungen trägt, die ursprünglich nicht die eigenen waren, aber zunehmend zu eigenen geworden sind.

Mythos: *Daidalos und Ikaros*

Daidalos war ein berühmter Erfinder und Handwerker der Antike. Er baute für den König Minos von Kreta das berühmte Labyrinth, in dessen Mitte der Minotaurus verborgen war. Diesem Wesen, halb Mensch halb Tier, wurden alle neun Jahre eine Gruppe von Mädchen und Jungen zum Fraß vorgeworfen. Theseus hatte sich freiwillig bereit erklärt, das Untier zu besiegen. Ariadne, die Tochter des Minos, gab ihm den berühmten „roten Faden", mit dessen Hilfe der Held den Ausgang des Labyrinths wieder finden konnte, nachdem er den Minotaurus besiegt hatte. Das Geheimnis des roten Fadens hatte jedoch Daidalos der Königstochter verraten. Zur Strafe sperrte der König sowohl Daidalos als auch dessen Sohn Ikaros in das Labyrinth und diesmal gab es keinen rettenden roten Faden. Der erfindungsreiche Künstler baute für sich und den Sohn Flügel aus Wachs und Federn, die ihnen ermöglichen sollten, das Labyrinth durch die Luft zu verlassen. Daidalos ermahnte seinen Sohn, nicht zu niedrig zu fliegen, damit die Gischt nicht die Flügel benetzen, noch zu hoch, damit die Sonne nicht seine Flügel schmelzen könne. Ikaros missachtete die Warnung und schwang sich der Sonne entgegen. Das Wachs der Flügel schmolz, die Schwingen verloren ihre Federn und der Unglückliche stürzte ins Meer und ertrank.

Wie könnte der Mythos auf Beziehung und Erziehung angewandt werden? Daidalos scheint sehr fürsorglich, indem er Ikaros ausführlich ermahnt und dabei mit Sicherheit auch eigene Ängste verarbeitet. Aus der Eltern-Kind-Perspektive hätte man sich gewünscht, dass die gefährliche Situation durch eine liebevoll-schützende Begleitung entschärft würde. Stattdessen wird Ikaros – gut ermahnt – seinem Schicksal überlassen und damit auch Ängsten und Unsicherheiten, die in dieser Situation auch Daidalos erlebt haben dürfte. Ängste, die als menschliche Realität Eltern wie Kinder erfüllen, lassen sich am besten bewältigen, wenn man sich ihnen gemeinsam stellt und damit die Gefahr entschärft. Ein Ikaros war noch nicht in der Lage, die Gefährdung angemessen einzuschätzen. Kinder könnten daran lernen, sich nicht mit theoretischen Erklärungen zufrieden zu geben, wenn sie vor neuen und damit beunruhigenden oder gefährlichen Situationen stehen. Es ist ihr Recht, Eltern zur Hilfestellung heranzuziehen, Unterstützung zu verlangen, um Freiräume und notwendige Grenzen kennenzulernen, und so die eigenen Möglichkeiten richtig einschätzen zu lernen.

Grundformen der Angst

Wollen wir die geschilderten Ängste in ihren Grundformen verstehen, um besser auf sie eingehen zu können, leistet Fritz Riemann mit seinem Buch „Grundformen der Angst" entscheidende Hilfe. Riemann unterscheidet vier verschiedene Angstformen, welche die Entwicklung des Kindes bis ins Schulalter begleiten und die die Basis bilden für die meisten der später auftretenden Ängste.

Urangst

Dem ersten Angstfeld, der *Urangst*, begegnet das Kind schon vorgeburtlich und in den ersten Lebenswochen, wenn die Mutter und ihr Umfeld nicht in der Lage sind, sich in liebevoller und stabiler Bezogenheit auf das werdende bzw. neugeborene Kind einzustellen und ihm damit ein Gefühl basaler Sicherheit zu geben.

Zwiespältige Empfindungen, pendelnd zwischen Annahme und Abneigung, schwierige äußere Bedingungen, ein problematisches soziales Umfeld, all dies wirkt sich irritierend auf ein Kind aus und wird in dieser ganz frühen Lebensphase die spätere Einstellung zur Welt prägen. Positive, sichere, Halt gebende Erfahrungen hingegen vermitteln dem Kind das Gefühl: Die Welt ist gut, ist vertrauenswürdig, ich kann mich dieser Umwelt angstfrei anvertrauen, weil ich weiß, dass ich gehalten bin.

Wenn die positiven Bedingungen eingeschränkt sind oder ganz fehlen, entwickelt ein Kind archaische Ängste, die es veranlassen, der Welt mit Empfindungen eines Urmisstrauens zu begegnen. Da es in dieser frühen Lebensphase noch nicht die Fähigkeit besitzt, Situationen objektiv einzuschätzen, die eingeschränkte Liebes- und Beziehungsfähigkeit der Eltern angemessen einzuordnen, verarbeitet es im Sinne einer Überlebensstrategie den Mangel als Ausdruck seines eigenen fehlenden Wertes. So entsteht die fatale Überzeugung, nicht wertvoll genug zu sein, um geliebt zu werden. Diese Urerfahrung prägt späteres Verhalten entscheidend: Das Kind ist nicht in der Lage, vertrauensvoll auf neue Situationen zuzugehen, es hat Angst davor, sich mit den unwägbaren Seiten des Lebens aktiv auseinanderzusetzen. Es fühlt sich bedroht und begegnet sowohl Menschen als auch Situationen mit einer ständigen negativen Erwartungshaltung. Diese erzeugt in Form einer sich selbst erfüllenden Prophezeiung das Erwartete, ein Nährboden für lebenslangen Pessimismus. Molieres „Menschenfeind" ist dafür ein überzeugendes Beispiel.

Die geschilderte Erfahrung der Ungeborgenheit, die zu einem elementaren Gefühl umfassender Angst führt, spiegelt sich in Mythen, deren zentrale Themen eine negativ verfolgende Gottheit, widrige Umstände und unlösbare Aufgabenstellungen sind. Die Grundsituation ist immer wieder Hoffnungslosigkeit, ein Ausgeliefertsein an ein böses Schicksal bei gleichzeitiger eigener Ohnmacht. Die Irrfahrten des Odysseus in ihrer Gesamtheit sind Spiegel einer solchen Ausgangssituation. Immer wieder treten Existenz bedrohende Gefahren auf, die jegliches Weiterkommen blockieren. Die Gefühle, die durch diese mythischen Bilder angesprochen werden, sind die der Leere, der Schwere, der Lähmung und der Hilflosigkeit. Neben einer Entlastung, die das Kind durch Spiegelung und somit Wiederholung seiner eigenen Befindlichkeit erlebt, werden oft übernatürliche Hilfestellungen angeboten, die Hoffnung aktivieren und aus depressiv gefärbter Entmutigung herausführen können. Es vollzieht sich ein Stimmungsumschwung, mit dem sich das Kind identifizieren kann. Mit erwachender Tatkraft wird der Weg in die Eigenständigkeit beschritten, was zumeist den Wandlungs- und Entwicklungsprozess in Gang setzt.

Trennungs- und Verlustangst

Ein zweites Angstfeld entsteht, wenn das Kind etwa vom 6. Lebensmonat an die Einmaligkeit seiner nächsten Bezugspersonen erkennt: Vater und Mutter sind nicht mehr durch eine andere freundliche Bezugsperson ohne Weiteres austauschbar. Angesichts dieser Erkenntnis, als Ergebnis einer stabilen Bindung, wächst die Angst, dieses wertvolle Gegenüber verlieren zu können. So ist das sogenannte „Fremdeln" als ein natürliches und gesundes Festhalten am geliebten Objekt zu interpretieren, das nicht durch ein freundlich lächelndes Gesicht oder den ausgestreckten Arm eines Anderen ersetzt werden kann. Fällt in diese Zeit, die bis zum zweiten Lebensjahr anhält, eine Trennung von den nächsten Bezugspersonen oder ein Wechsel des vertrauten Umfeldes, dann wird das Kind, das in diesem Alter noch kein Zeitgefühl besitzt, die Trennung als endgültig einstufen und sich alleingelassen fühlen, verstoßen in eine fremde und unbekannte Welt. Aus der Erwachsenenperspektive mögen solche Trennungen relativ kurz sein, etwa ein paar Tage dauern, für ein Kind bedeuten sie Ewigkeiten, die nicht selten in Empfindungen der Resignation und Verzweiflung munden. Traumatische

Trennungs- und Verlusterfahrungen in dieser Lebensphase vermitteln dem Kind ein Gefühl der Unzuverlässigkeit von Menschen, die Überzeugung, immer dann abrupt fallen gelassen zu werden, wenn Vertrautheit und Bindung entstanden sind. Aus diesem Gefühl kann sekundär eine massive Angst vor Distanz entstehen. Ein Kind ist nicht mehr bereit, kurzzeitige Trennung vertrauensvoll auf sich zu nehmen.

Das kann sich im Kindergartenalter zeigen, wenn sich ein Kind nicht zuversichtlich in die neue soziale Situation hineinbegibt, sondern durch Anklammern an die Mutter oder eine andere nahe Bezugsperson Panik angesichts des Verlassenwerdens zu verhindern versucht. Diese Ängste erschweren beziehungsweise verhindern innere Unabhängigkeit.

Eine gegenläufige Verarbeitung von traumatischen Trennungserfahrungen ist die Angst vor Nähe. Indem jede tiefer gehende Nähe zu anderen Menschen vermieden wird, lässt sich auch die Gefahr möglichen Verlassenwerdens umgehen. Da nahe Bindungen die Gefahr des Beziehungsverlustes in sich tragen können, werden soziale Kontakte rasch unter dem Aspekt von Einengung und Fessel erlebt und aufgrund dessen vermieden. Die Unzuverlässigkeit des Anderen wird vorausgesetzt und begründet die eigene Lebensgestaltung in freiwilliger Distanz, die vor Enttäuschung schützt. Der Preis ist eine spätere Lebensgestaltung im heroischen Alleingang als „Steppenwolf" oder „eiserne Lady", im Suchen unverbindlicher Abenteuer als flüchtiger „Don Juan" oder „Blauer Engel".

Gewissens- und Strafängste

Das dritte Angstfeld beschäftigt sich mit Angst vor Autonomie. Verfolgen wir die kindliche Entwicklung weiter, so beginnt im zweiten und dritten Lebensalter das so genannte „Trotzalter", ein Begriff, der sehr unzureichend beschreibt, was in dieser Phase als psychische Aufgabe für das Kind ansteht: Es entdeckt sein eigenes Ich, lernt, sich von der Umwelt zu unterscheiden und versucht, diese Erkenntnis sprachlich auszudrücken, indem es sich mit einem „Nein" von den Forderungen der Umwelt erstmalig abgrenzt.

Die Herausforderung dieser Schwellensituation ist etwas, das zutiefst ängstigen kann: Die Herauslösung aus der harmonischen Verbundenheit mit dem Umfeld. Der Verlust an Geborgenheit wird im positiven Fall durch das lustvolle Erproben von Eigenständigkeit ausgeglichen. Erlebt das Kind in dieser Altersstufe, dass seine Bedürfnisse nach Selbstgestaltung verstanden und seine Schritte in die Autonomie bestärkt werden, spürt es dabei gleichzeitig, dass trotz aller Abgrenzung und Konfrontation die Liebe und Zuwendung der Umwelt nicht verloren geht, dann kann sich angstfreier Umgang mit Eigenständigkeit, Selbsttätigkeit und Eigeninitiative entwickeln.

Es sind erste tastende Versuche zu einem partnerschaftlichen Umgang mit der Welt, ein Heraustreten aus der Abhängigkeit und die Fähigkeit, sich selbst als handelndes Wesen zu begreifen.

In dieser Phase stehen die Themen Geben und Nehmen, Haben und Sein im Mittelpunkt. Hier erfährt das Kind erstmalig seine Macht zum „Nein" oder „Ja", zur trotzigen Verweigerung oder zum offenen Teilen. Wird dem Kind in dieser Phase zu viel Unterordnung und Anpassung abverlangt, die eigene Willensäußerung überwiegend negativ, weil störend, bewertet, ist das Kind in Gefahr, den Verlust an harmonischer Übereinstimmung als selbst inszeniertes Bösesein zu verarbeiten. Damit wird die Bereitschaft, Schuldgefühle hinsichtlich eigener Strebungen zu entwickeln, verstärkt. Weil Autonomieentwicklung und zunehmende Abgrenzung von der Umwelt jedoch Gesetze des Lebens sind, weil nur so individuell und kollektiv Wachstum möglich ist, entsteht häufig ein innerer Zwiespalt zwischen progressiven und regressiven Strebungen. Die Entwicklung drängt nach vorn, die Angst vor Liebesverlust und Gefährdung der emotionalen Übereinstimmung lässt zurückweichen.

Damit wird das Kind zum berühmten Esel, der droht, zwischen zwei Heuhaufen zu verhungern, weil er nicht wagt, sich zu entscheiden.

Negativ wertendes erzieherisches Verhalten zwingt das Kind ein Bedürfnis abzuspalten, sei es die Seite der Eigenständigkeit oder die der Nähe und Verbundenheit.

Es gibt Kinder, die scheinbar unbekümmert zu kleinen Tyrannen werden, sich respektlos und rigoros über die Bedürfnisse und Wünsche der Erwachsenen hinwegsetzen und, angefangen vom Trotzalter bis ins Erwachsenenalter, rücksichtslos nur die eigenen Bedürfnisse in den Mittelpunkt stellen. Umgekehrt gibt es Kinder, die sich für die Anpassung entscheiden und jede Eigeninitiative, jedes eigene Wollen zurückstellen zugunsten der Bedürfnisse der Umwelt.

Die willkürlichen Kinder einerseits, die überangepassten Kinder andererseits haben nicht gelernt, in angemessener

Weise mit eigenen Wünschen und denen der Umwelt umzugehen, weshalb sich Ängste vor dem eigenen Getriebensein ebenso wie vor Manipulation entwickeln. Diese beiden Ängste berühren sich in der Unfähigkeit zu Kompromissen. Es fehlt den Kindern die Flexibilität, sich selbstverständlich und angstfrei auf sich ändernde Situationen einzustellen. Sie neigen dazu entweder als „Täter" alles im Griff haben zu müssen oder sich als „Opfer" zur Verfügung zu stellen. Einen angemessenen Mittelweg finden sie nur schwer. Das wird häufig erst dann sichtbar, wenn eine einseitige Täter- oder Opfermentalität verinnerlicht wurde. Die Aufgabe dieses Entwicklungsschrittes, zwischen gegenläufigen Tendenzen zu einer Entscheidung zu finden, heisst zu lernen, mit Forderungen angemessen umzugehen.

Identitäts- und Rollenängste

Eine vierte Angstdimension, die *Angst vor sexueller Identität*, bildet sich ab dem vierten Lebensjahr heraus. Es ist das Alter, in dem ein Kind bewusst den Unterschied zwischen männlichen und weiblichen Menschen wahrnimmt und berechtigterweise die Frage nach dem „Warum" stellt. Wird hier nicht eindeutig, klar und verständlich die Ursache für den Geschlechtsunterschied in einer altersgemäßen Aufklärung verdeutlicht, welche die Grundtatsachen von Zeugung, Schwangerschaft und Geburt zum Inhalt hat, wird im Kind Angst geweckt, Angst, die sich mit dem Zweifel am Wert der eigenen Rolle beschäftigt. Aus der Sicht kleiner Mädchen sieht es zunächst so aus, als wären sie schlechter ausgestattet als die kleinen Jungen.

So äußerte die viereinhalbjährige Cornelia im Gespräch: „Ich habe zwar nicht ein so tolles Schwänzchen wie mein Bruder, aber warte nur, es wächst schon!" Wir warteten fast ein halbes Jahr geduldig darauf, dass dieses ersehnte Körperteil wachsen möge, wobei ich die Zeit nutzte, um mit Cornelia altersgemäße Aufklärungsbücher anzuschauen, mit ihr über den „kleinen Unterschied" und über die Bedeutung des besagten Gliedes zu sprechen. Nach dieser Phase des vergeblichen Wartens vertraute mir Cornelia eines Tages an: „So ein Schwänzchen wie mein Bruder bekomme ich nicht, aber wenn ich groß bin, bekomme ich eine Brust und dann sind's zwei!"*

Hiermit war für Cornelia das Thema ihrer weiblichen Identität geklärt, ohne dass sich Ängste angesichts eigener Minderwertigkeit einstellten. Gleichzeitig wird in dieser abschließenden triumphierenden Aussage auch nachvollziehbar, wie früh das Thema Rivalität zwischen den Geschlechtern eine Rolle spielt.

Aus der Perspektive eines Jungen kann die Situation der Unterschiedlichkeit zu ähnlichen Unsicherheiten führen, welche Sigmund Freud unter dem Begriff „Kastrationsangst" (Jung 1973, S.194) zusammenfasste. Am deutlichsten wird diese Bedrohung in der Geschichte vom „Daumenlutscher" im „Struwwelpeter" (Hoffmann 1994, S.34). Die Mutter ermahnt Konrad: *„Und vor allem, Konrad, hör, lutsche nicht am Daumen mehr!"* Sodann kündigt sie Strafe an: *„Denn der Schneider mit der Scher' kommt sonst ganz geschwind daher, und die Daumen schneidet er ab, als ob Papier es wär!"* Doch Konrad setzt sich über das mütterliche Verbot hinweg und das Unheil tritt ein: Der Schneider kommt und schneidet beide Daumen ab. *„Ohne Daumen steht er dort, die sind alle beide fort."* Das Erschreckende an der Geschichte ist nicht nur der Umstand, dass der Schneider am Kind eine schwerwiegende Verstümmelung vornimmt, sondern dass die Daumen symbolisch in einer Verschiebung nach oben dem männlichen Glied gleichgesetzt werden können. Diese Bedrohung, dass das Glied zur Strafe abgeschnitten werden könne, spukt noch in vielen Kinderköpfen herum und die kleinen Mädchen, die ohne dieses Glied leben, erscheinen dabei wie das Abbild der vollzogenen Kastration. Aus dieser Sicht ist es verständlich, dass nur eine eindeutige und klare Information über die unterschiedliche sexuelle Identität Ängste abfangen und den Kindern ein sicheres Gefühl des Wertes im Rahmen ihrer eigenen Rolle vermitteln kann.

Am schönsten belegte der Ausspruch des sechsjährigen Peter den Sinn und die Angst mindernde Qualität von sachgemäßer Aufklärung, indem er eines Tages, als er das Thema für sich innerlich abschloss, erklärte: „Das ist praktisch, es passt einfach zusammen wie Flasche und Korken!"

Damit konnte er sich wieder seinen Spielen zuwenden, die ängstigende, sexuelle Unklarheit wich einer gelassenen Selbstverständlichkeit und dem Gefühl, richtig zu sein, das angemessene Gegenüber für die weibliche Identität: Andersartigkeit wird festgestellt, jedoch nicht als Minderwertigkeit. Aus dieser Gewissheit wächst Selbstvertrauen in die eigene Identität und Rolle, die beste Voraussetzung für angstfreies soziales Lernen.

Der geschilderte Entwicklungsabschnitt läuft parallel mit der „magischen Phase" zwischen vier und sechs Jahren. In diesem Alter beginnen Kinder, eine eigene moralische Instanz aufzubauen. Diese ist allerdings noch sehr grob, gewissermaßen holzgeschnitzt; darum sind Mythen in ihrer klaren Schwarz-Weiß-Zeichnung hilfreich, eine erste innere Ordnung aufzubauen. Mythen ermöglichen eine klare Unterscheidung zwischen Gut und Böse und erleichtern die Identitätsbildung trotz aller ängstigenden Irritationen von außen. Die Akzeptanz der eigenen dunklen Seite wird durch „Un-Heiles" in der Bilderwelt der Mythen erleichtert, gleichzeitig wird ein gesunder Realitätsbezug gefördert: Auch die Götter sind in ihren Gefühlen und Verhaltensweisen „menschlich", was nahtlos auf die „Götter Eltern" übertragen wird und immer eine ich-stärkende Wirkung hat, was wiederum Ängsten entgegenwirkt.

Wege aus der Angst

Erkennen wir das eigene Wesen und das unseres Gegenübers, können wir eigene und fremde Reaktionen einschätzen und verstehen. So vermindert sich das Gefühl von Bedrohung und Gefahr. Angst wird zu einer handelbaren Größe und verliert die Dimension der Panik.

Sicherheit schafft Vertrauen

Fassen wir die Grundgefühle, die Einstellungen zu uns selbst und zur Umwelt, die sich aus ängstigenden Früherfahrungen ergeben, zusammen, steht zunächst im Hinblick auf das Erleben das Gefühl der Urangst im Mittelpunkt. Ein Jugendlicher formulierte das so: *„Ich bin nichts, in Leere und Ungeborgenheit geworfen, ich kann niemandem vertrauen"*. Die bestimmende Lebensmaxime ist eine ständige, übertrieben anmutende Vorsicht, um sich gegen die zu erwartenden negativen Erfahrungen zu schützen, Misstrauen gegenüber anderen, aber auch gegenüber sich selbst bestimmt die Gefühlswelt. Psychosomatisch äußert sich dies in einer dauernden Körperanspannung, insgesamt in einem schlechten Bezug zur eigenen Körperlichkeit. Der Körper wird in seinen Bedürfnissen zu wenig wahrgenommen, häufig wie eine Maschine betrachtet, die zu funktionieren hat oder dessen Mängel und Unvollkommenheiten Scham auslösen.

Betrachten wir die erste Entwicklungsphase mit der Gefahr, Urängste statt eines Urvertrauens in die Welt zu entwickeln, so dominiert hier die zentrale Angst vor dem Nichts, die Unfähigkeit, sich und dem Sein in der Welt

Sinn und Bedeutung abzugewinnen. Sehr oft äußert sich dies bei Kindern in Gefühlen der Lustlosigkeit. Um hier ein positives Gegengewicht zu schaffen, ist es wichtig, das Kind anzuregen und zu ermutigen, kreativ selbsttätig zu werden, immer wieder neu eigene Impulse zu verwirklichen, sich in neuen Situationen und Tätigkeiten zu erproben, die im Spiegel wohlwollender Bestätigung und Ermutigung das Gefühl von Integrität und Wert vermitteln. Es geht hier um die Erfahrung der eigenen Tatkraft. Über das schöpferische Tun, sei es im Umgang mit Farbe, Ton, Sand, Wasser, Holz, erlebt sich das Kind in seinem Körper, erspürt die Körpergrenzen und be-greift sich selbst im besten Wortsinn. So lernt es der frühen Urangst ein tatkräftiges Ich entgegenzusetzen.

Mythos: *Odysseus bei den Phäaken*
Odysseus segelte gegen Ende seiner Irrfahrten in einem kleinen Boot ganz allein auf die in der Ferne liegende bergige Phäakeninsel zu, als sein unerbittlicher Feind, der Meergott Poseidon, sein Boot mit einer gewaltigen Woge zerschmetterte. Odysseus wäre ertrunken, hätte sich nicht die Meeresgöttin Leukothea seiner erbarmt. Sie wies ihn an, seine schweren Kleider auszuziehen, die Reste des Bootes, an die er sich klammerte, loszulassen und seinen eigenen Schwimmfähigkeiten zu vertrauen. Ihr Schleier würde ihn dabei vor Unheil bewahren. Zunächst misstraute Odysseus dem Ratschlag und klammerte sich, solange es ging, an die Überreste des Bootes, erst als ihn eine riesige Welle bedrohte, entschloss er sich zum Wagnis und ließ die Planken los.
Nach langem Kampf erreichte er die Insel, kroch nackt wie er war in ein Dickicht und schlief ein. An diesem Tag hatte Athene, die hilfreiche Göttin des Helden, Nausikaa, die Tochter des Königs veran-

lasst, mit ihren Dienerinnen Wäsche im Fluss zu waschen. Odysseus erwachte von dem heiteren Lärm, kroch aus dem Dickicht und wagte, sich der Königstochter anzuvertrauen. Er erweckte ihr Mitgefühl, sie gab ihm Kleidung und Nahrung, führte ihn zur Stadt und riet ihm, sich der Königin, ihrer Mutter, als Bittsteller zu nähern. Der Plan hatte Erfolg, König Alkinoos und seine Frau erklärten sich bereit, Odysseus nach Hause auf die felsige Insel Ithaka zu geleiten.

Kaum hatte Odysseus das Schiff betreten, schlief er ein. Das wunderbare Schiff der Phäaken brachte ihn in nur einer Nacht in den heimischen Hafen von Ithaka. Sie setzten den schlafenden Odysseus am Strand ab und kehrten um. Der erwachte Held glaubte zunächst, sein Vertrauen sei missbraucht und er an einem fremden Strand abgesetzt worden. Erst Athene konnte ihn überzeugen, dass er endlich wieder in der Heimat angekommen war.

Im Mythos wird die Atmosphäre von Ungesichertheit und damit verbundenem Misstrauen, selbst da, wo es jemand gut meint, sehr deutlich. Odysseus misstraut zunächst der Meeresgöttin Leukothea, statt sich ihrem rettenden Vorschlag anzuvertrauen. Obwohl er keinen Grund hat, den liebevoll für ihn sorgenden Phäaken zu misstrauen, ist er schnell bereit, wieder an Negatives zu glauben, als er nicht auf Anhieb seine Heimatinsel erkennt. Odysseus hat auf seinen Irrfahrten tatsächlich so viel Negatives erlebt, dass sein Misstrauen berechtigt scheint. So geht es auch den Kindern mit frühen Mangelerfahrungen. Umso wichtiger ist es, dass sie immer wieder positive und sichernde Erfahrungen machen, damit negative Prägungen zunehmend gelöscht werden.

Im Mythos ist es die immer wieder in der Not positiv eingreifende Göttin Athene. Sie gibt die Sicherheit, dass sich alles zum Guten wendet. So ermutigt der Mythos vor allem auch Eltern, in ihren Bemühungen um gute und Halt gebende Erfahrungen nicht nachzulassen.

Dies betrifft Kinder, die aufgrund äußerer schicksalhafter Ereignisse kein Urvertrauen aufbauen konnten. Im Konkreten sind das häufig Adoptivkinder, insbesondere die aus den nichteuropäischen Ländern, die, von negativen Heimerfahrungen geprägt, in ihrer Bindungsfähigkeit schwer beeinträchtigt sind. Diese Kinder brauchen lange, bis sie wirklich auf gute und liebevolle Beziehungsangebote ebenso positiv reagieren können. Zu tief sitzen die belastenden und prägenden Erfahrungen aufgrund fehlender Nähe und sichernder Geborgenheit. Manchmal kann es für Eltern hilfreich sein, sich ein Stück weit mit einer mythischen Figur zu identifizieren: Athene half Odysseus in all seinen bedrohlichen Abenteuern immer wieder in aller Selbstverständlichkeit ohne Dank für sich zu erwarten. Genau das brauchen auch unsere früh irritierten Kinder in ihrem Gefühl der Urangst und des daraus resultierenden Misstrauens gegenüber der Welt und jeglicher helfenden Hand.

Beziehungspflege macht unabhängig

Im Rahmen des nächsten Angstkomplexes, der Trennungs- und Verlustängste, steht die Bereitschaft im Vordergrund, Beziehungen unter dem Aspekt der Instabilität zu erleben. Damit verbunden ist die Neigung, schnell in eine düstere Stimmung zu verfallen bis hin zu Depressionen. Die „Anleitung zum Unglücklichsein" von Paul Watzlawick charakterisiert sehr überzeugend diese Persönlichkeitsstruktur.

Trennungs- und Verlustängste sind in der Regel begleitet von der Überzeugung, früher oder später enttäuscht zu werden. Weil das Vertrauen in die Welt eingeschränkt ist, Beziehungen als unzuverlässig eingestuft werden, fehlt auch ein angemessenes Selbstbewusstsein. Das irritierte Grunderleben führt bei Kindern häufig zu ständiger Unruhe. Sie glauben, immer wieder beobachten und kontrollieren zu müssen, um eine Retraumatisierung durch Trennung und Verlust zu vermeiden. Hier liegt die Wurzel einer möglichen Hyperaktivität, die sich in allgemeiner Unruhe, Konzentrationsstörungen und in der Unfähigkeit, Aufmerksamkeit sachbezogen einzusetzen, äußert.

In positiver Gegensteuerung sollten dem Kind alle Erlebnismöglichkeiten eröffnet werden, die ihm trotz der Bereitschaft zu Resignation und Depression Zugang zu der lebensbejahenden Dynamik des Seins schenken, des Wachsens und Werdens. Eine Mutter berichtete, dass sie ihrem konzentrationsgestörten, unruhigen und stimmungslabilen Kind ein Beet im Garten angelegt habe, in dem es seine eigenen Blumen ziehen durfte. In der Identifikation mit den wachsenden, dem Sonnenlicht zugewandten Pflanzen sei auch das Lebensgefühl des Kindes wesentlich positiver und zuversichtlicher geworden. Eine andere Möglichkeit bietet sich über ein Haustier an. Für dieses zu sorgen, seine Bedürfnisse zu befriedigen, sich verantwortlich zu fühlen, gleichzeitig aber auch Liebe und Zuwendung zu erfahren, verändern ein verdüstertes Lebensgefühl. Nicht umsonst hat sich inzwischen die Erkenntnis durchgesetzt, dass Tiere im Seniorenheim eine aufgehellte Stimmungsqualität nicht nur beim Einzelnen, sondern in der ganzen Einrichtung entstehen lassen.

Mythos: *Penelope und die Freier*

Penelope war die Gattin des Odysseus. Ihr Name ist gleichbedeutend mit Gattentreue. 20 Jahre wartete sie auf die Heimkehr ihres Mannes. Sie wurde in dieser Zeit von zahlreichen Freiern bedrängt, die den Reichtum des Odysseus verprassten und auf ihre Entscheidung, wen sie letztlich zum Gatten wählen würde, warteten. Penelope versprach, einen Freier aus der Schar zu heiraten, sobald sie das Leichentuch für ihren Schwiegervater Laertes fertig gewebt hätte. Um Odysseus treu zu bleiben, griff sie zu einer List: Das, was sie am Tag gewebt hatte, trennte sie nachts wieder auf. Erst als eine Dienerin dies den Freiern verriet, musste sie das Tuch fertigstellen. Zu diesem Zeitpunkt kam Odysseus wieder zurück nach Ithaka und tötete die Freier. Zuversicht und Treue wurden damit belohnt.

Der Mythos vermittelt Kindern – und nicht nur ihnen –, dass Trennung immer mit Leid, Schmerz und häufig auch Gefahr verbunden ist. Penelope wurde von den rücksichtslosen Freiern bedrängt, diese ließen es sich auf ihre Kosten wohlergehen ohne dass sie die Möglichkeit hatte, sich dieser Übermacht gegenüber zu behaupten. Es gab für sie nur die listige Verweigerung, die sie aber nicht vor Verrat schützte.

Trotzdem verlor sie die Zuversicht nicht und bewahrte sich in der langen Zeit den Glauben an die Rückkehr ihres Mannes, obwohl sie lange keine Nachricht von ihm erhalten hatte.

Die Überwindung von Trennungs- und Verlustangst fordert ein Stück selbstbewusster Eigenständigkeit und den Einsatz eigener Stärken. Bei Penelope ist es das Weben, verbunden mit der Bereitschaft, das Tagwerk um der eigenen Sicherheit willen wieder aufzulösen. Daneben ist aber auch eine innere Haltung wichtig, die Kant mit der „Pflicht zur Zuversicht" (Safranski 2008, S.291) thematisiert. Er meint damit, dass Zuversicht nicht Ergebnis ruhiger Überlegung allein, sondern auch immer aktive Überwindung von Unsicherheit und Angst ist. Das kann man mit Kindern einüben durch positive Bestätigung ihrer aktiven Möglichkeiten in Situationen, die sie ohne den Schutz von Vater oder Mutter bewältigen müssen, beispielsweise im Kindergarten und in der Schule, in der Auseinandersetzung mit Gleichaltrigen oder bei Aufenthalten in Schullandheimen und auf Freizeiten. Trennung und damit das Aufgeben von Sicherheiten zugunsten selbstbewusster Eigenerfahrung, die Bereitschaft, sich auseinander- und wieder zusammenzusetzen, auch die Fähigkeit, sich mit listigen Einfällen aus schwierigen Situationen zu retten, all das kann der Mythos als positive Botschaft übermitteln.

Sichere Identität erlaubt Flexibilität

Konflikte, die durch den Zwiespalt zwischen Autonomiebedürfnissen einerseits und Anpassungsforderungen andererseits entstehen, können dazu führen, dass ein Kind, um die Liebe der Umwelt nicht zu verlieren, hinsichtlich der eigenen Schattenseiten Ängste entwickelt. Es entsteht die Überzeugung, nur als liebes Kind akzeptiert zu sein. Das bedeutet, dass jede Durchbruchsreaktion der negativ bewerteten Seite Gewissens- und Strafängste weckt. Um ihnen zu entgehen, darf das, was ist, nicht sein: Das sogenannte Böse, die aggressiven Anteile werden auf andere projiziert und dort bekämpft. Das Lebensgefühl wird von der Überzeugung bestimmt, dass nur richtiges, das heißt aggressionsfreies Verhalten auch einen guten und wertvollen Menschen ausmacht. Die Folge dieser Einstellung äußert sich mit wachsendem Alter häufig in Perfektionismus bis hin zur Zwanghaftigkeit. Dahinter steht der Anspruch, Hundertprozentiges leisten zu müssen. Parellel dazu fällt es solchen Menschen schwer, gelassen zu sein, zur Ruhe zu kommen und abzuschalten.

Häufig sind es die überangepassten, die auffällig unauffälligen Kinder, die sich mit diesem Anspruch auf Vollkommenheit identifizieren. Sie sind zunächst für die Umwelt sehr bequem und scheinen auf Anhieb mit der Welt gut zurechtzukommen. Geht es jedoch um Eigeninitiative, um Kreativität und Fantasie, später um unabhängige Lebensgestaltung, dann versagen diese Kinder, sie fühlen sich angesichts der fehlenden Anleitung hilflos, überfordert und reagieren ängstlich-depressiv. Die Überbetonung von Eigenständigkeit wiederum, die durch Eltern provoziert wird, die den Willen des Kindes zur Richtschnur ihres Verhaltens machen, führt zu einer gegenläufigen Überforderung, die genauso Ängste weckt. Die Kinder erleben hinsichtlich ihrer eigenen Impulse keine schützenden Grenzen. Maßlosigkeit und Unersättlichkeit ängstigen sie ebenso wie ihre Umwelt. In der Demonstration des eigenständigen Seins in Form von destruktiver Aggressivität versuchen sie, sich vor Ängsten zu schützen, und erzeugen mit ihrem Verhalten genau das, was sie fürchten. Damit schließt sich ein Teufelskreis.

Das Ringen um Bewältigung der Gewissens- und Strafängste wird am deutlichsten im Beispiel einer Erzieherin: Als sie gegenüber einem fünfjährigen Jungen ärgerlich wurde und ihn als „wilden Kerl" bezeichnete, drückte sich ein gleichaltriges Mädchen an ihre andere Seite und erklärte: „Aber ich bin lieb!" Dieses Bedürfnis, „lieb" zu sein, unter Umständen auf Kosten eines anderen, der dann in der Rolle des „Bösen" festgehalten wird, verdeutlicht die Konfliktthematik dieser Altersstufe sehr gut. Kinder sollen lernen, ihre hellen und dunklen Seiten zu akzeptieren. Sie sollen erkennen, dass sowohl aktive und eigenständige, wie passive und angepasste Seiten zur Persönlichkeit gehören und gepflegt werden wollen. Es ist die Aufgabe der Erwachsenen, ihnen dies vor allem durch ihr eigenes Vorbild zu vermitteln. So wächst die Erkenntnis, dass die helle Identität zwar wünschenswert ist, sich aber gerade im Dunkel der vitalen Triebimpulse die Fülle der kreativen Möglichkeiten verbirgt.

Mythos: *Daphne und Apollon*
Daphne war eine Nymphe und pflegte mit anderen Mädchen zu jagen. Apollon, der Gott der Künste, verliebte sich unsterblich in sie. Sie aber wies ihn ab. Apollon verfolgte sie jedoch durch alle Wälder. Als Daphne sah, dass sie nicht entkommen konnte, flehte sie Ge, die Erdgöttin, um Hilfe an. Diese verwandelte sie in einen Lorbeerbaum. Der enttäuschte Gott musste sich damit zufrieden geben, einen Zweig davon abzubrechen. Er trug ihn seither auf seinem Haupt. Seit dieser Zeit ist der Lorbeer Apollon heilig.

Wenn wir der Bedeutung dieses Mythos nachgehen, dann beeindruckt vor allem die Beharrlichkeit Daphnes. Sie hat sich entschieden, ohne die Beziehung zum Männlichen zu leben und bleibt diesem Vorsatz treu, trotz allen Werbens von Seiten des Gottes Apollon. Als sie sieht, dass sie ihren Vorsatz allein nicht verwirklichen kann, bittet sie um Hilfe.

Die Verwandlung in einen Lorbeer muss vor allem unter dem symbolischen Aspekt verstanden werden: Lorbeerblätter wurden einerseits von der Pythia gekaut, die in Delphi Orakelsprüche verkündete. Lorbeer steht damit stellvertretend für besondere, intuitive Kräfte. Zum anderen wurde der Lorbeer, als Lorbeerkranz bei den olympischen Spielen, zum Ausdruck der Auszeichnung für besondere Leistungen. Diese werden über Eigenschaften der Ausdauer und Standfestigkeit erreicht.

So enthält der Mythos für Kinder die Botschaft, dass es nicht nur berechtigt, sondern Voraussetzung für die Entwicklung besonderer Fähigkeiten ist, einen eigenen Standpunkt einzunehmen und diesen in Beharrlichkeit zu leben. Wenn es nottut, gehört dazu auch die Bereitschaft, sich unterstützende Hilfe in der Verwirklichung eigener Ziele zu holen. In der Erziehung heißt das, Kinder zu ermuntern, auch gegen den Strom zu schwimmen und sich unabhängig von einer gängigen Meinung zu machen. Das bedeutet einerseits Einsamkeit, auf der anderen Seite lernt ein Kind dadurch seinen eigenen Wert zu schätzen und seine individuelle Würde wahrzunehmen und zu bewahren.

Rollenzugehörigkeit macht lebenstüchtig

Ängste im Hinblick auf die eigene geschlechtliche Identität können dazu führen, dass Kinder und Jugendliche nicht wagen, sich eindeutig zu sich selbst, zu ihrem Sein und Tun zu bekennen. Sie scheuen es Verantwortung zu übernehmen, eindeutig zu etwas „Ja" oder „Nein" zu sagen, sich abzugrenzen und fühlen sich unfähig, mit ihrer gesamten Person hinter der eigenen Meinung zu stehen.

Sie neigen dazu, sich entweder dem anderen Geschlecht zu unterwerfen oder es in einer Umkehrreaktion dominieren zu wollen.

Beziehungswünsche und die Unfähigkeit, sich partnerschaftlich zu verhalten, führen zu Isolation und innerer Emigration oder zu demonstrativer, getriebener Kommunikation. Es sind die Mitglieder der „Fun-Gesellschaft", die Erfüllung in äußeren, reizvollen Erlebnissen und Begegnungen suchen, was aber angesichts der eigenen Selbstunsicherheit zum Scheitern verurteilt ist. Symptomatisch drückt sich das bereits im Kindesalter in ängstlich-mimosenhafter Empfindlichkeit und – wiederum umschlagend – in der Neigung zum demonstrativen Aufspielen aus. Es fehlt die innere Sicherheit, die auf ständige Beachtung verzichten kann, sodass nicht selten die Rolle des „Prügelknaben", des „Klassenclowns" und der „Heulsuse" ergriffen wird, um Aufmerksamkeit zu erregen. Allerdings wird damit die positive Erfahrung des Eigenwertes noch stärker infrage gestellt. Hilfestellung im Rahmen dieser Unsicherheit können Eltern und Erzieher in der Bestätigung des Richtigseins als Mädchen oder Junge geben. *„So wie du bist, bist du genau richtig."*

Eine wichtige Unterstützung auf diesem problematischen Weg ist die Einführung von echten Vorbildern. Leider ist die Orientierung an Frauen und Männern, die Bedeutsames geschaffen haben, heute zunehmend in den Hintergrund getreten. Auf Befragung äußerten zum Beispiel Jugendliche entweder Popstars und Hollywood-Größen als Vorbilder zu sehen oder aber ihre Eltern, wenn sie sich materiell hochgearbeitet hätten. Menschen, die geistige Werte vertreten, die sich sozial engagiert haben, philosophische Größen oder Geisteswissenschaftler, spielten bei der Befragung keine Rolle.

Kinder brauchen Geschichten von herausragenden Frauen und Männern, sie brauchen Visionen, um ihre eigene Zukunft gestalten zu können, sie brauchen „Götter" (vgl. Postman 1995), um die falschen Götter, die ihnen die Glitzerwelt der Medien vorspiegelt, zu entthronen. Sie brauchen Menschen, die in überzeugender Weise immaterielle Werte in den Mittelpunkt ihres Lebens rückten, die vorgelebt haben, dass Glück, Zufriedenheit und körperliche wie psychische Gesundheit nicht von äußerem Glanz abhängig sind.

In diesem Zusammenhang spielen Mythen eine wichtige Rolle, da sie den Mut zu einer eigenen Identitätsfindung ebenso betonen, wie die positiven Entfaltungsmöglichkeiten, die in einem eigenen Rollenkonzept liegen. Weil Mythen als Niederschlag Jahrtausende alter menschlicher Erfahrung nicht an einen Zeitgeist gebunden sind, bieten sie alles: Sanfte und kraftvolle, böse und gute, zögernde und ungestüme, listige und törichte Frauen wie Männer in menschlichem und göttlichem Gewand. Dadurch bieten sich Wahlmöglichkeiten an, die den Mut, sich zum eigenen Selbst zu entscheiden, stärken.

Mythos: *Odysseus und Kirke*
Odysseus landete mit seinen Leuten auf der Insel Aiaia. Er schickte die Hälfte der Mannschaft an Land. Die Männer fürchteten Gefahr, wurden aber von allerlei wilden Tieren freundlich begrüßt. Auch Kirke, eine wunderschöne Zauberin, begrüßte sie freundlich und bot ihnen Wein an. Dieser war offenbar vergiftet, denn als die Zauberin sie anschließend mit einer Rute berührte, wurden die Männer zu

Schweinen. Kirke sperrte sie daraufhin in einen Stall ein und warf ihnen Abfälle zum Fraß vor. Der ängstlicher Anführer, der sich versteckt gehalten hatte, eilte zum Schiff des Odysseus zurück und berichtete das schreckliche Vorkommnis. Odysseus machte sich daraufhin unerschrocken auf, um seine Kameraden zu erlösen. Unterwegs begegnete ihm der Gott Hermes, der ihm eine Zauberblume, Moly, schenkte, die ihn vor den Zauberkünsten Kirkes schützen würde. Odysseus trank ohne Angst den vergifteten Wein und ließ sich von der Rute berühren, denn er wusste, dass Moly ihn schützte. Er bedrohte Kirke mit dem Schwert, wodurch sie ihre negative Macht verlor. Sie verwandelte die Gefährten wieder in Menschen und erwies sich über ein Jahr als liebenswürdige Gastgeberin und Freundin.

Im Mythos begegnen wir einerseits unsicheren und ängstlichen Männern. Sie sind gehorsam, aber nicht wirklich eigenständig. Auf der anderen Seite steht Kirke, eine vordergründig autonome und sichere Vertreterin des weiblichen Geschlechts. Sie braucht jedoch offensichtlich zur Stabilisierung ihrer Persönlichkeit Zauberei. Durch den mutigen Einsatz des Odysseus, verstärkt durch die männlich-göttliche Identität des Hermes, wird sie von ihren negativen Seiten erlöst und kann auch den Gefährten des Odysseus zu selbstbewusster Männlichkeit verhelfen.

Ist man in seiner menschlichen Identität unsicher, kann es durchaus verlockend sein, zum Schwein zu werden und nur seiner Triebnatur zu frönen. Als Schwein leben wir nur für die Befriedigung animalischer Bedürfnisse. Es kümmert uns weder Vergangenheit noch Zukunft. Es gibt keine Notwendigkeit, dass wir uns individuell bewähren müssen. Das „schweinische" Kollektiv garantiert Sicherheit.

Sich seiner männlichen wie weiblichen Rolle bewusst zu sein und sie eindeutig zu leben, erfordert Mut. Es ist nicht bequem, aber erfüllend, ganz Frau, ganz Mann, ganz Mensch zu sein.

Das Verstehen ermöglicht Perspektivewechsel

Im Wissen um Konfliktfelder in der frühen Kindheit fällt es leichter, Lösungen zu entwerfen, die einem Kind Unterstützung und Hilfestellung im Umgang mit Ängsten geben: Es ist wesentlich, auch leichtere Ängste als Signale zu begreifen. Sie sind Zeichen, dass das Kind mit seinen eigenen Gefühlen, Impulsen und Antrieben nicht zurechtkommt, dass sein inneres Gleichgewicht gestört und damit eine positiv-progressive Entwicklung gefährdet ist. Gleichzeitig haben jedoch Kinderängste sowohl für das Kind als auch für sein Umfeld einen positiven Aspekt: Sie zwingen zur Veränderung und weisen darauf hin, dass in der Erziehung neue Akzente gesetzt, möglicherweise auch Inhalte der Pädagogik neu überdacht werden müssen.

Indem Kinderängste ernst genommen werden, fordern sie Erwachsene heraus, sie in Wachstumsimpulse umzumünzen. Hierbei hilft es den Kindern, wenn Erwachsene sich ihrer eigenen Ängste bewusst sind, sich zu ihnen bekennen und die Angebote zur Reife, die in der Auseinandersetzung mit Ängsten liegen, aktiv zu nutzen. Es ist nicht nötig, als Eltern eine starke, angstfreie Rolle zu spielen. Entscheidend ist, die eigenen Gefühle offenzulegen und Lösungen zu erfinden – mit dem Kind und für das Kind.

Diese progressive Einstellung ermöglicht in einem selbstbewussten „Dennoch" die Zumutung des Lebens als Chance und positive Herausforderung anzunehmen, Ängste in ihrer zur Wandlung und Veränderung herausfordernden Dimension zu begreifen und sie damit auch zu bewältigen.

Symbolisch beschreibt Michael Ende in seinem Buch „Jim Knopf und Lukas der Lokomotivführer" diesen Weg im Umgang mit Herrn Tutur, dem Scheinriesen: Zunächst erscheint dieser größer als das höchste Gebirge, sodass er sowohl bei der Lokomotive Emma als auch bei Jim Knopf Panik auslöst, verbunden mit dem Impuls der Flucht. Lukas dagegen, als vorbildhafte Elternfigur, gebraucht eine andere Strategie: Er ermutigt Jim und Emma, sich mit ihm auf das Angstobjekt zuzubewegen. Je näher sie dem Scheinriesen kommen, desto kleiner wird jener, bis er schließlich normale menschliche Ausmaße annimmt (vgl. Ende 1960, S.122ff.).

Angst, wenn sie einem im Nacken sitzt, hat die Tendenz, sich zu einem Scheinriesen aufzublähen; dreht man sich um und konfrontiert sich mit dieser Angst, dann entpuppt sie sich häufig in ihrer Übersteigerung. Für die Bewältigung der meisten ängstigenden Konfliktsituationen reichen die eigenen Kräfte aus. Diese Erfahrung können Kinder, mit ihnen aber auch ihre Eltern machen, wenn sie wagen, sich der Angst zu stellen und damit einen ersten Schritt tun, die Problematik tatkräftig anzugehen.

3. ELTERN MACHEN KINDER MUTIG

Erziehungsstile

Erziehung soll immer im Rahmen einer sicheren Bindung, die dem Kind bereits von der Schwangerschaft an das Gefühl von Sicherheit und Halt bietet, stattfinden (vgl. Brisch et al. Hg 2005, S.165ff.). Erziehung ist kein abstraktes Tun, sondern immer ein Prozess der Interaktion, die von einer möglichst guten und vertrauensvollen Beziehung getragen ist. Eltern und Kinder sollen auf dieser Basis lernen, sich als „wachsende Partner" zu verstehen.

Angesichts einer weitverbreiteten Unsicherheit bei parallel laufendem Wunsch „richtig" zu erziehen, wird von vielen Eltern immer wieder das Bedürfnis nach schlüssigen Ratgebern geäußert, die ein perfektes Erziehungsergebnis garantieren. Erziehung ist jedoch vor allem ein von einer Fülle bewusster und unbewusster Emotionen begleiteter Begegnungsprozess, der eine individuelle Dynamik in sich schließt. Darum müssen Erziehungsstile kritisch überprüft und in ihren Möglichkeiten mit der eigenen Situation abgeglichen werden.

Ziel einer positiven Erziehung ist, ein Kind in Freiheit vermittelnden ebenso wie strukturierenden Angeboten zu begleiten, in Krisensituationen zur Hilfestellung bereit zu sein und gleichzeitig eigene, vielleicht auch schmerzliche Erfahrungen zuzulassen, um Reife zu ermöglichen.

Ein Überblick über die gängigen Erziehungshaltungen soll bis zu einem gewissen Grad die Suche nach einem eigenen Stil unterstützen.

Die repressive, auch autoritäre Erziehung

Die autoritäre Erziehungshaltung, heute auch „schwarze Pädagogik" genannt, geht von einem deutlichen Gefälle zwischen Eltern und Kindern aus und versucht, dieses auch aufrecht zu halten. Der Erwachsene ist letztlich fehlerlos und vollkommen, das Kind ist ein zu formendes Objekt, das noch nichts vom Leben weiß und somit dem Erwachsenen weit unterlegen ist. Die Charakteristika dieser Erziehung sind hauptsächlich: Forderungen, Belehrungen und ein hoher Leistungsanspruch. Mittel der Erziehung sind: absolute Gehorsamsforderung, Lob, aber vor allem Strafe und das Evozieren von Schuldgefühlen. Letztere sind ein wirkungsvolles Mittel, um Abhängigkeiten zu schaffen. So entsteht ein ständig schlechtes Gewissen, sobald eigenständige Regungen spürbar werden. Anpassung und Gehorsam sind die einzige Möglichkeit, um die Angst vor Liebes- und Beziehungsverlust zu bannen. Das Handeln ist nicht das Ergebnis von Einsicht, sondern Ausdruck mangelnden Selbstvertrauens und, angstbedingt, fehlender Kritikbereitschaft.

Auf diese Art lernt das Kind nicht mit intensiven Gefühlen umzugehen. Sie werden vielmehr als Gefahrenquelle unterdrückt. Stattdessen wäre es wichtig, über Verständnis, Toleranz und Humor zu vermitteln, wie mit intensiven Gefühlen umgegangen werden kann. Es geht darum, diese Gefühle zunächst in ihren aggressiven Formen zu akzeptieren und allmählich zu lernen, wie man sie kanalisiert. Ziel sollte sein, dass nicht die Emotionen das kindliche Ich dominieren, sondern ein zunehmend selbstbewusstes Kind intensive Emotionen hat.

Die verwöhnende Erziehung

Die verwöhnende Erziehung erscheint äußerlich gesehen das Gegenteil der autoritären Erziehung zu sein; beide Erziehungshaltungen aber zeitigen ein sehr ähnliches Resultat, weil hier wie dort, wenn auch mit unterschiedlichen Verhaltensweisen, autonome Impulse des Kindes unterdrückt werden. Die verwöhnende Erziehungshaltung bindet das Kind über grenzenlose Fürsorge in Abhängigkeit. Jedes Ausbrechen aus dieser Abhängigkeit wird mit subtiler Strafe, sei es Liebesentzug, Enttäuschung oder traurigem Rückzug beantwortet. Das Grimmsche Märchen von „Hänsel und Gretel" illustriert dies am Beispiel der Hexe besonders deutlich. Die Hexe ist nicht wirklich die böse, fremde, alte Frau, die Kinder frisst, sondern eher das Abbild der verwöhnenden Mutter, die ihre Kinder umsorgt und sie mit allen Süßigkeiten des Lebens verwöhnt – um den Preis des Verlustes von Autonomie. Es ist bezeichnend, dass der Junge, Hänsel, im Käfig sitzt – es ist zwar ein „goldener" Käfig, aber eben doch ein durch die Mutter massiv eingeschränkter Spiel- und Entwicklungsraum. Hänsel kann nur noch den Finger hinausstrecken, damit die Hexe prüft, ob er schon schön fett geworden ist, denn sie hat ihn buchstäblich „zum Fressen gern". Es ist Gretel, die das Mittel der Aggression wählt, um diese Situation aufzulösen: Mit List und Entschlossenheit schiebt sie die Hexe in den Ofen. Symbolisch bedeutet dieser Akt, dass sich die verwöhnende Mutter, einem Läuterungs- und Wandlungsprozess aussetzen muss, um zu lernen, Kinder aus der Abhängigkeit zu entlassen. Als Kind und Heranwachsender muss man sich seinerseits in einem aggressiven Akt von der

verwöhnenden (Über-) Fürsorge befreien – dies die Märchen-
botschaft – um Selbstverantwortung zu übernehmen und
damit Freiheit zu gewinnen, als etwas, was nicht gegeben,
sondern aufgegeben ist.

Abgrenzung ist ein notwendiges Mittel, um einer verwöhnenden, unterschwellig bemächtigenden elterlichen Haltung zu entgehen und zur Eigenverantwortung zu finden.
Andernfalls bleibt nur die Sackgasse der Unterwerfung,
die verknüpft ist mit Autonomieverlust, die sich äußerlich
in immer größerer Anspruchshaltung gefällt und schließlich in körperlich-geistig-seelischer Trägheit mündet. Auf
diese Weise wird bei den Kindern eine egozentrische Welt-
sicht gefördert, die zu der Haltung führt, dass das Leben
ihnen etwas zu bieten habe, ihnen etwas schuldig sei. Mit
dieser Lebenseinstellung kann sich keine soziale Kompetenz und damit im wahrsten Sinne keine Teil-Nahme am
lebendigen Leben entwickeln: Aufgrund des Kreisens um
die eigene Person fällt es diesen Kindern und Jugendlichen
schwer, mit anderen forderungsfrei umzugehen. Wenn
jene mit Zurückweisung reagieren, baut sich eine doppelte
Angstdimension auf: Die Umwelt frustriert, gleichzeitig
drängen aber die eigenen ungezähmten Triebimpulse,
Raubtieren gleich, immer massiver nach Befriedigung. So
bewahrheitet sich im innerpsychischen Erleben erneut das
mythologische Bild von Skylla und Charybdis.

Die rationalisierende Erziehung

Es gibt Eltern, die sich in ihren erzieherischen Bemühungen vor allem von Vernunft leiten lassen wollen: Kaum ist
das Kind verbal erreichbar, wird alles und jedes erklärt

und in Worte gefasst, wodurch Eltern nicht selten auch jeglichen emotionalen Gehalt zerreden. Das Bedenkliche hierbei ist, dass das Kind viel zu früh die Perspektive des vernünftigen Erwachsenen übergestülpt bekommt. Es lernt, mit den Augen und Ohren der Erwachsenen die Welt wahrzunehmen und wird auf diese Weise um seine fantasievolle und irrationale Betrachtung, um sein Kindsein gebracht. Es ist kein Wunder, dass einem von rationaler Wahrnehmung geprägten Kind Emotionen, die nicht vom Verstand zu kontrollieren sind, Angst einflößen. Diese werden, solange es geht, unterdrückt, wobei dies vor allem beunruhigende Gefühle, insbesondere aggressiver Natur, betrifft. Wenn dann der Damm der Abwehr bricht, werden jene alles überfluten und damit eine berechtigte Panik vor dem Untergang der ohnehin schwachen Ichkräfte provozieren. C. G. Jung spricht in diesem Zusammenhang von einer „Inflation" (vgl. Jung 1973, S.499) seitens der unbewussten dynamischen Kräfte, was nicht selten schwere psychische Erkrankungen zur Folge haben kann.

Ivo, ein hochbegabter noch nicht Vierjähriger schaute mich skeptisch von der Seite an, als ich meinen Lastwagen mit Gebrumm über die Landstraße fahren ließ. „Aber der ist doch nicht echt, der hat doch keinen Motor, den kann man doch nicht hören", äußerte er schließlich missbilligend.

Um seine spielerische Fantasie zu hinterfragen, ließ ich mich nicht beirren und meinte, ich wolle aber mit meinem Auto zur Baustelle fahren und die Straße sei so steil, sodass es leiser nicht ginge. Daraufhin meinte er von oben herab: „Bist du aber dumm, dass du nicht merkst, was ein Spielauto ist und was ein richtiges Auto ist."

Hier wird sichtbar, wie ein Kind vorzeitig eine Fantasiewelt zu Gunsten der dürren Realität verlässt.

Die narzisstische Erziehung

In den letzten Jahren ist die Form der narzisstischen Erziehung immer häufiger zu beobachten. Es ist allerdings weniger eine aktive Erziehungshaltung, als vielmehr Ausdruck einer unbewussten elterlichen Einstellung. Den Namen hat diese Erziehungsform von einem griechischen Mythos.

Mythos: *Narcissus*

Narcissus war ein wunderschöner junger Mann. Er wurde von zahlreichen Jünglingen und Mädchen umworben, doch er wies alle in seinem Stolz ab. Einst trank er aus einer Quelle auf den Höhen des Berges Helikon. Als er in das Wasser blickte, sah er dort sein eigenes Spiegelbild, in das er sich augenblicklich verliebte. Er beugte sich, in der Sehnsucht es zu umarmen, immer tiefer über das Wasser, bis er hineinstürzte und ertrank.

Nach einer anderen Version legte er sich neben das Wasser, unfähig sich von seinem eigenen Bild zu lösen, und verhungerte. Sein Leichnam wurde in die Blume verwandelt, die seinen Namen trägt.

Die narzisstisch geprägte Erziehung sieht im Kind nicht so sehr ein eigenständiges menschliches Wesen, sondern nur eine Verlängerung bzw. einen Teilaspekt des elterlichen Selbstes. Es ist unbewusst letztlich ein Objekt elterlicher Bedürfnisse, indem es deren Wunschvorstellungen zu erfüllen hat oder als Projektionsfläche für deren Fantasien zur Verfügung stehen muss. Die Problematik dieser Erziehungshaltung ist schwer greifbar, denn vordergründig werden seitens der Eltern keine gravierenden Fehler begangen; das Kind wird jedoch gebraucht, damit sich die

Eltern gut und vollkommen fühlen. So können Kinder vor dem Hintergrund einer subjektiven Bedürftigkeit in unangemessener Abhängigkeit gehalten werden nach dem Motto „ich brauche ein Kind". Damit werden autonome Regungen blockiert und regressive Impulse forciert.

Eine ebenso bedenkliche Gegenbewegung enthält der Zwang zur überzogenen Progression. Das Kind wird gebraucht, um mit seiner glänzenden Entwicklung einen möglicherweise angeschlagenen Selbstwert der Eltern zu kompensieren. Das Kind muss, gemäß dem Märchen vom „Wettlauf zwischen Hase und Igel", immer schon „da sein", wenn andere mühsam und erschöpft ankommen. Beide elterlichen Perspektiven führen nicht selten zu einer massiven emotionalen Überforderung, die das Kind oft mit depressiven Verstimmungen oder aggressiven Verhaltensauffälligkeiten beantwortet. An der Basis schränkt diese Erziehung das Selbstwertgefühl ein, denn das Kind begreift früh, dass es nicht um seiner selbst, sondern nur um seiner Funktion willen geliebt wird. Gegen eine solche Delegation kann man sich nicht wehren, da das Übernehmen der Rolle eng mit dem eigenen psychischen Überleben verknüpft ist. Insofern zeigt sich bei den Kindern in der Folge häufig eine massive Unterdrückung der emotionalen Entwicklung bzw. eine Stauung und Blockierung von Affekten, die das Kind in der Folge nicht mehr angemessen für seine eigene, nur es selbst betreffende Entwicklung nutzen kann.

Mythen können dann Hilfestellung leisten, wenn sie die Notwendigkeit einer wachsenden Selbstständigkeit, die schuldfreie Abgrenzung und die Aufgabe, den Weg zu sich selbst zu finden, unterstreichen. Zu dieser psychischen

Aufgabe gehört zwangsläufig das Spannungsfeld von Konfrontation und Geborgenheit, von Macht und Ohnmacht. Zwar kann sich das Kind einerseits sicher fühlen in seiner noch kindlichen Identität, in der Selbstverständlichkeit der Versorgung. Andererseits besteht heute in zunehmendem Maß für ein Kind die Gefahr, von bedürftigen, frustrierten, angstvollen oder emotional verhungerten „Kindeltern" als Partnerersatz oder als liebevoll-fürsorgliche „Mutter" benutzt zu werden. Unbewusst wird der Anspruch an die Kinder gestellt, das an ihren Eltern gutzumachen, was deren Eltern versäumt haben. Neuorientierung und Heilung erfolgen durch die Botschaft, Unbefangenheit und Risikofreude an den Tag zu legen, sich von Normen und Festlegungen zu befreien, aber auch Zwänge, die über loyale Bindungen einengen, zu durchbrechen.

Die gewährende oder Laissez-faire-Erziehung

In den letzten Jahren breitete sich eine Erziehungshaltung aus, die vom Wunsch nach Partnerschaft geprägt war. Das Kind darf seinen Spielraum selbst bestimmen, es werden von außen wenige Grenzen gesetzt. Dies ist jedoch nicht immer Ausdruck einer pädagogischen Überzeugung, wie es etwa A. S. Neill in seinem „Summerhill"-Projekt zu verwirklichen suchte. Die Haltung des Gewährenlassens, die hier gemeint ist, entsteht aus einer Mischung von Konfliktscheue, Großzügigkeit und dem Wunsch, nichts "falsch" zu machen. So scheint es naheliegend, besser nichts zu machen, als in eine falsche Richtung zu erziehen, an deren Folgen viele Eltern ihrerseits gelitten haben. Die eigenen

Kinder sollen es gut, sollen es besser haben. Dieser Wunsch, der zumeist Antwort auf eigene Frustrationen ist, schlägt sich vor allem in Form von materieller Befriedigung nieder. Es wird den Kindern kein Wunsch wirklich abgeschlagen. Kinder brauchen aber Grenzen, um Ichstärke zu entwickeln, die sich auch in der Entwicklung von Frustrationstoleranz spiegelt. Grenzsetzungen führen zu Auseinandersetzungen und Machtkämpfen, die nicht selbstverständlich Eltern zu Gewinnern machen.

Konflikte austragen fordert Zeit und dieses kostbare Gut wird immer weniger in Eltern-Kind-Beziehungen investiert. Es scheint zunehmend zentrales Anliegen zu sein, die Lebenszeit, angesichts der subjektiv erlebten Kürze des Lebens für eigene Aktivitäten, für Erfolg und Selbstverwirklichung einzusetzen. In diesem egozentrischen Streben erscheint ein Verweilen in der Gegenwart und das gemeinsame Erleben von Muße als „vertane Zeit". Damit gleichen wir den Zeitdieben, die Michael Ende in seinem Buch „Momo" so treffend beschrieben hat. Wir verlieren Zeit, weil wir sie einsparen wollen. Wir verlieren aber vor allem emotionale Beziehungsfähigkeit, weil wir im Stress der Aktivität im Sinne eines ständigen Außer-uns-Seins das Zu-uns-Kommen verlernt haben. Wie soll unter diesen Umständen Gemütspflege bei den Kindern gelingen?

Ist darum heute diese „Nicht-Erziehung", die angesichts eines fehlenden zeitraubenden emotionalen Engagements auch keinen Zugang zu sinnstiftenden Werten erlaubt, so bedenklich? Liegen hier die Ursachen für die verbreitete Haltung der Null-Bock-Generation. Liegt in der No-Future-Perspektive nicht gerade der Vorwurf, dass Kindern ein sinnstiftender Gehalt im Leben fehlt, vielleicht auch, weil eine überwiegend materielle Lebensperspektive jeglichen transzendenten Bezug vermissen lässt? Ratlosigkeit bei Kindern aber auch bei Eltern, die zwar wissen, dass die veralteten Erziehungsformen nicht mehr in Frage kommen, aber aufgrund des Jugendkultes und der sich auflösenden Grenzen zwischen Kinder- und Erwachsenenwelt zunehmend verunsichert sind und bei ihren Kindern Stütze und Halt, aber auch Zärtlichkeit und Liebe suchen.

Möglicherweise zeigt diese Entwicklung, dass wir uns auch in der Pädagogik im Umbruch befinden. Angesichts der massiven Irritationen, die durch die Fülle psychologischer Ratgeber häufig noch verstärkt werden, besteht die Gefahr, wider besseres Wissen auf Erziehungsmodelle der Vergangenheit zurückzugreifen, obwohl man weiß, dass ein Wiederbeleben so fruchtlos ist, wie der Versuch, neuen Wein in alte Schläuche zu füllen. Aber im Umbruch steckt auch immer die Möglichkeit zu neuen Erkenntnissen, neuen Begegnungen und auch neuer Wertschätzung zwischen den Generationen. Mut zur konflikthaften Reibung als Chance für neue, echtere und damit vertrauensvollere Bindungsbereitschaft?

Vom feinfühligen Umgang mit Kindern

Die auffälligen und zumeist vitaleren Kinder verlangen unser Einfühlungsvermögen ebenso wie die stilleren, meist überangepassten Kinder. Wir sind im pädagogischen Alltag herausgefordert, den oft verschlungenen Wegen möglicher Ursachen nachzugehen. Im Labyrinth zu vermutender ungelöster Konflikte müssen wir uns fragen, wo beunruhigende Spannungsfelder bestehen: Gibt es Impulse, die nach vorne drängen, und Gegenimpulse, die kleinkindliche Geborgenheit ersehnen, sodass sich das Kind in einer „Patt-Situation" erlebt? Bestehen Beziehungsschwierigkeiten zwischen dem Kind und seinen Eltern, die nicht ausgetragen werden dürfen? Existieren Eifersuchtsgefühle oder Rivalität mit Geschwistern? All das kann Zündstoff für dramatische Verhaltensweisen ebenso wie für ängstlichen Rückzug sein.

Weiter sollte die Rolle sozialer Kontakte berücksichtigt werden: Hat das Kind über Freundschaften und Umgang mit Gleichaltrigen, Möglichkeiten, sich abzureagieren, oder ist es zu sehr auf das erwachsene familiäre Umfeld konzentriert? Parallel dazu stellt sich die Frage, wie das Kind seine Freizeit gestaltet und mit wem es Umgang hat, nach dem Motto: „Sag mir, mit wem du umgehst und ich sage dir, wer du bist." Kinder lassen sich von aggressiven Gesten beeindrucken und können nicht durchschauen, dass es sich hier um Ausdrucksformen der Scheinstärke, nicht um echte Sicherheit handelt. Sie neigen dazu, etwas, das „cool" wirkt, nachzuahmen, im Bemühen, angstfrei zu erscheinen.

Wenn wir versuchen, auf das ängstliche wie auf das aggressive Kind verstehend zu reagieren, geht es auch darum, unser eigenes Tun in seinen Möglichkeiten und Grenzen zu reflektieren. Zunächst ist es wichtig, uns bewusst zu werden, dass die Zuwendung, die ein Kind braucht, im Wesentlichen von Ehrlichkeit, Offenheit und Emotionalität geprägt sein sollte. Zuwendung ist jedoch nicht eine Sache der Quantität, sondern der Qualität: Kinder brauchen Wärme, Verlässlichkeit in der Beziehung und die Sicherheit, um ihrer selbst willen gemocht zu werden.

Wie die Ergebnisse der Bindungsforschung unterstreichen, braucht ein Kind von klein auf feinfühlige Begleitung in Zuverlässigkeit und Bezogenheit (Brisch 1999, S.40). Auf keinen Fall soll jedoch damit gesagt sein, dass das Kind rund um die Uhr „bemuttert" werden muss, um sich angemessen entwickeln zu können. Ein Kind muss nicht unentwegt bespielt und beschäftigt werden. Dass man auch des Guten zu viel tun kann und ein Kind, ähnlich wie eine Pflanze, übermäßig begossen, übersäuert wird, zeigt sich an der zunehmend „sauren" Forderung dieser Kinder nach noch mehr Zuwendung.

Das Kind kann sich angesichts der zur Gewohnheit gewordenen ständigen Anregung nicht mehr allein beschäftigen, Fantasie und Kreativität sind in der Fülle der Bewässerung ertrunken, das Kind fühlt sich abhängig, frustriert, wenn ein „Nein" kommt, und reagiert entweder mit Angst oder zunehmend aggressiv. Diese Kinder werden auch als Heranwachsende immer auf Impulse von außen angewiesen sein. Auf sich geworfen sein bedeutet dann Leere und unerhörte Zumutung, die nicht als Freiheit, sich selbst zu finden, genutzt werden kann.

Häufig wird ein Kind, wenn es Ängste äußert oder sich in irgendeiner Weise aggressiv verhält, mit der „Warum-Frage" gequält. Hierauf kann das Kind jedoch nicht antworten, weil Kinder noch nicht die Fähigkeit besitzen, ihr Verhalten zu reflektieren. Es ist ein So-sich-Fühlen oder auch ein existenzielles So-sein-Müssen und Nicht-anders-Können. Von daher ist es sinnvoller, mit dem Kind zusammen die möglichen Hintergründe aufzudecken, seien es familiäre Konflikte, Trennung, Geschwistergeburt, Unterlegenheitsgefühle oder Schulprobleme. Wichtig ist hier, über ein Eingeständnis der Berechtigung ängstlicher wie aggressiver Emotionen Vertrauen und damit Selbstvertrauen aufzubauen bzw. zu fördern.

Natürlich muss ein Kind über ein klares „Nein" erkennen, dass es Grenzen gibt, dass zum Beispiel destruktive Affektentladungen nicht einfach toleriert werden. Es ist sinnvoll, ein Kind mit den Folgen seiner Handlung zu konfrontieren. Ein Schaden muss vom Kind mithilfe der Erwachsenen auf irgendeine Art wieder gut gemacht werden. Gleichzeitig soll das Kind verstehen, dass Zerstörung stets etwas Bedauerliches ist, einen Verlust darstellt, da jedes Objekt auch Träger einer emotionalen Bindung ist, die durch eine Beschädigung des Objekts verletzt wird.

Genauso wichtig ist es, ängstliches Verhalten nicht einfach hinzunehmen. Nicht selten wird man von außen getröstet, das würde sich schon „verwachsen". Ängstliche Kinder sind unauffälliger, häufig in der Schule geschätzter. Dahinter steht aber immer ein Mangel an echtem Selbstwertgefühl, an Ichidentität und Selbstbewusstsein. Diese Kinder brauchen Ermutigung zur freien, durchaus auch aggressiven Äußerung. Nur so können sie erfahren, dass sie auch als unangepasste Kinder geschätzt und geliebt sind.

Eine weitere wichtige Quelle für ängstliches wie aggressives Verhalten ist sowohl Überforderung als auch Unterforderung. Hier geht es wesentlich um die Bewältigung des Schulalltages. Schule ist nicht allein Sache der Lehrer und der Schulbehörden, sondern wir alle sind in unserem kritischen Mittragen gefragt. Die Institution Schule kann nicht übernehmen, was zunächst im Rahmen der familiären Verantwortung liegt. Das Bestmögliche für die Begabung des Kindes zu tun, es weder zu viel noch zu wenig zu fordern: Beide Extreme verhindern eine echte Förderung. In- und außerhalb der Schule sollten die aktiven und vitalen Kräfte des Kindes als Kraftquelle erkannt und individuell angeregt werden. Dies bedeutet gleichzeitig aber auch, genügend Spiel-Raum anzubieten, damit sich das Kind nicht nur reaktiv bewegt, sondern eine innere Bewegung eigenständig umsetzt. So wird es sich in seinen Möglichkeiten und Grenzen erfahren – Voraussetzung für ein belastbares Selbstbewusstsein.

Um einer drohenden Einseitigkeit in der Erziehung entgegen zu wirken und einen positiven Ausgleich zu schaffen, sollten Kinder neben der intellektuellen Förderung auch handwerklich, musisch und künstlerisch gefördert werden. Sie erhalten somit umfassende Entwicklungschancen, die die beschriebene vitale, dynamische Kraft herausfordern. Je weniger spezialisiert die primäre Förderung ist, desto stärker werden alle Bereiche und Möglichkeiten im Kind angesprochen. Es entdeckt in sich Fähigkeiten und die Chance, sie zu Fertigkeiten auszubauen. Verborgene Räume in sich zu entdecken und zu erschliessen ist ein spannender Prozess der Selbsterkenntnis. Es lohnt sich, ein Kind auf sich selbst neugierig zu machen!

Kinder sollen und müssen ihre Kritikfähigkeit entwickeln, auch wenn es für Erwachsene gelegentlich unbequem ist, denn Kinder unterscheiden genau zwischen Wahrheit und Unwahrheit in unserer Lebensführung. Solange sie Kritik üben, solange sie die Finger auf die Wunden unserer Eitelkeit und Selbstgefälligkeit legen, solange sind sie auch in der Lage, ihr vitales Potenzial Erwachsenen gegenüber angemessen auszuleben. Ihr Verhalten muss dann später weder in autoritätshöriger Unterwerfung noch in einer groß angelegten Protesthaltung gegenüber allem, was Autorität bedeutet, ausufern.

Wir wissen heute, dass viele frühere radikale Gruppierungen, die den Protest auf ihre Fahnen schrieben, keine Möglichkeit hatten, in der Kindheit eigene Meinungen zu äußern und zu erleben, dass diese ernst genommen wurden. So musste in einem Großangriff nach außen der intern nicht gelebte Protest ausagiert werden und schließlich in einem autodestruktiven Chaos enden nach dem Motto: „Die Revolution verschlingt ihre eigenen Kinder."

Wenn man sich die Frage stellt, was aggressives Verhalten als Abwehr ängstigender Empfindungen verstärkt und fördert und dabei die Person des Erziehenden, sei es in der Familie, in Kindergarten oder Schule mit einbezieht, so ist zusätzlich häufig das Verhalten des Erwachsenen ein gefährlicher Verstärker kindlicher Aggression. Sehr oft bemerken Eltern, Lehrer und Erzieher nicht mehr, wie gereizt, wie aggressiv der Tonfall oder Inhalt ihrer Rede ist. Dahinter stecken auch beim Erwachsenen nicht selten verborgene Ängste: Jene Ängste z. B., dass der erzieherische Anspruch nicht durchgesetzt wird, Ängste, nicht ernst genommen zu werden, keine Bedeutung zu haben, Selbstzweifel und -unsicherheit. Aus dieser Sicht hält das Kind dem Erwachsenen mit seinem Agieren den Spiegel *seiner* psychischen Befindlichkeit, *seines* Verhaltens vor. Kindliche Aggressivität muss unter diesem Aspekt sowohl als Kopie elterlicher Haltungen wie als Antwort verstanden werden. Ein Erwachsener, der sein Leben nach ausschließlich „vernünftigen" Gesichtspunkten ausrichtet, wird Schwierigkeiten haben, sich aggressive Emotionen zuzugestehen. Ein Kind, das seine Empfindungen, auch aggressiver Natur, spontan lebt, irritiert und beunruhigt solche Erwachsene naturgemäß, da sie mit ihrer Rationalität an eine Grenze stoßen. Emotionen sind dem Wesen nach irrational. Gleichzeitig konfrontiert ein aggressives wie ängstliches Kind den Erwachsenen mit der Dunkelseite seiner eigenen verdrängten bzw. unentwickelten Fühlweisen. Die entstehende Hilflosigkeit und Beschämung löst nicht selten das aus, was die Vernunft fürchtet: Aggression oder diffuse Ängste.

Vielen Eltern und Erziehern ist nicht bewusst, dass das Kind Eigenschaften lebt, die sie selbst verdrängen. Der Mechanismus der Projektion sorgt dafür, dass Erwachsene sich dadurch entlasten, dass sie das Übel, welches sie bei sich nicht akzeptieren, an ihrem (kindlichen) Gegenüber bekämpfen, gemäß dem biblischen Motto: Den Splitter im Auge des anderen sehen und den Balken im eigenen nicht bemerken (vgl. Die Bibel, Lukas 6/41).

Taucht nun diese ungeliebte Eigenschaft als irrationale Aggression beim Kind auf, muss sie bekämpft werden, was in der Folge das Übel nur noch größer macht: Das Bekämpfte wird verdrängt und drängt gerade deshalb nach Entladung. So entsteht ein Teufelskreis: Je mehr verdrängt wird, desto mehr Aggression muss eingesetzt werden, um den wachsenden Druck in Schach zu halten. Im Rahmen einer Friedenswoche schrie einmal ein Teilnehmer in höchstem Affekt: „Man muss dreinschlagen, damit endlich Frieden wird!" Mit Aggression schafft man jedoch keine Ruhe, keine Harmonie, sondern erzeugt gerade das Gegenteil, nämlich das, was man in bester Absicht vorgibt zu bekämpfen.

Je offener und ehrlicher ein Erwachsener zu seinen Ängsten und Aggressionen steht und sich mit ihnen auseinandersetzt, desto mehr kann das Kind lernen, seinerseits mit diesem dunklen Bereich zurecht zu kommen. Im Zug dieser Vorbildfunktion geht es auch darum, den Kindern zu vermitteln, dass zu jedem menschlichen Dasein Schattenseiten gehören und diese dunklen Seiten geformt und kultiviert werden müssen, um der dynamischen Kraft als eigentlicher Triebfeder in ihrer positiven Wirksamkeit Raum zu geben.

Das Umfeld als Miterzieher

Des Weiteren muss auch die Wirksamkeit des gesellschaftlichen Kollektivs mit einbezogen und in ihrer prägenden, ängstigenden und aggressionsfördernden Komponente wahrgenommen werden. An erster Stelle steht das Problem der Leistungsforderung, das unsere Gesellschaft mit überzogenen Ansprüchen und asozialen Forderungen nach ständigem Bessersein prägt. Bessersein heißt jedoch, sich in – wenn auch in verschlüsselter Form – vom als schlechter Deklarierten abzugrenzen. Nicht selten ist zu beobachten, dass Eltern bereits ihrem Kind in der Grundschule vermitteln, dass es nur dann, wenn es besser ist als seine Klassenkameraden, eine Chance hat, einen Studienplatz zu erringen und einen angesehenen Beruf zu ergreifen. Ein solcher Wettlauf geht immer zulasten anderer und damit wird Macht- und Geltungsanspruch in seiner aggressiven, beziehungstötenden Qualität ein offensichtlich legitimer Faktor, der in die Selbsterziehung übernommen wird.

Auch jegliches Prestigedenken entsteht auf diesem Intellekt gesteuerten Hintergrund und verrät deutlich den aggressiven Gehalt, der gleichzeitig tief gehende Zweifel am eigenen Wert verrät: Demonstratives Vorzeigen von „Besitz", seien es beruflicher Erfolg, materielle Statussymbole oder funktionierende Kinder – all dies charakterisiert emotionale Dürre, die der nächsten Generation keine überzeugende Lebensqualität bietet. Diese angstgesteuerte Aggression kann aus dieser Perspektive auch als „Schrei nach Leben" (Schulz 1997) verstanden werden.

Ein weiterer Aspekt ist die Dominanz einseitiger intellektueller Förderung, wobei es sich nicht etwa um allgemeine, universelle Bildung handelt, sondern um ein maßloses Anhäufen fachspezifischen Wissens. Diese rein auf wirtschaftliche Brauchbarkeit, auf materielle Sicherheit und schnellen Erfolg setzende Förderung scheint Garant für äußere und innere Sicherheit. Gerade die Ausschließlichkeit der einseitig intellektuellen Förderung ohne Gemütspflege fördert das Verhaftetsein in einer ausschließlich an der Realität orientierten Lebensperspektive. Immaterielle Werte bleiben auf der Strecke, das Gemüt verarmt und es breitet sich eine zunehmende Willensschwäche bei scheinbar selbstsicherer Durchsetzungskraft aus.

Ein weiterer kollektiv wirkender Faktor ist die allgemeine Verunsicherung durch die Globalisierung, die Informationsflut und die dadurch erzeugte subjektive Bedrohung. Sie äußert sich in einer zunehmend begründeten Verarmungsangst, als Misstrauen gegenüber der Politik und deren Vertretern, aber auch in der Besorgnis, belogen und betrogen zu werden. Häufig wird gegenläufig in den Kindern ein Faktor der Sicherheit und Konstanz gesehen, sie sollen durch ihre Existenz entängstigen und geraten damit in den Zustand emotionaler Überforderung, die wieder zur Quelle von Angst und Aggression werden kann. Unsere Kinder haben ein Recht darauf, durch Eltern, die Erwachsene und nicht verstörte Kinder sind, angemessen geschützt zu werden. Sie dürfen nicht zum Beschützer ihrer Eltern gemacht werden. Kinder brauchen dafür die Erfahrung einer elterlichen Autorität, die ein Stück weit wegweisend ist und die Kinder auch davor schützt, zum Sklaven der eigenen maßlosen Bedürfnisbefriedigung zu werden.

Ein weiterer problematischer Faktor ist der kritiklose Umgang mit den Medien. Manfred Spitzer bringt es auf einen einfachen Nenner, wenn er sagt: „Fernsehen macht dumm" (Spitzer 2005, S. 201ff.). Das Konsumieren vorgefertigter Bilder macht passiv, wohingegen Lesen dazu anregt, aktiv eigene Bilder zu entwickeln. Dieser „Zwang zur Kreativität" ist emotionale und intellektuelle Nahrung für ein Gehirn, das nach Spitzer ein Leben lang lernen will.

Inzwischen dringt es immer stärker ins öffentliche Bewusstsein, welche Auswirkungen der kritiklose Konsum von Bildern aggressiven Inhaltes in Fernsehen, Kino oder Videos hat: Die Hemmschwelle für Gewalt sinkt, Nachahmung wird provoziert und gleichzeitig legitimiert, der Respekt vor dem anderen, die Ehrfurcht vor Leben und Tod weichen einer zunehmend gleichgültigen, rationalisierenden Haltung, die verharmlost, was erschüttern müsste.

„Du brauchst dich doch bei Krimis im Fernsehen nicht aufzuregen, das ist doch nur gespielt, das ist doch nur Ketchup, was da fließt", so die siebenjährige Svenja. Wie viele Krimis muss sie schon gesehen haben, um so nüchtern reagieren zu können!

Gerade jüngeren Kindern, die viel zu früh gewaltorientierte Filme sehen, wird damit vorgegaukelt, dass es Sterben und Tod nicht wirklich gibt. Der Schluss liegt nahe, dass jede Gewalttat in ihrer Wirkung rückgängig gemacht werden kann. Die tödliche Realität des echten Lebens wird für sie damit zu einem beunruhigenden Rätsel, dem sie mit Hilflosigkeit und zunehmender Angst begegnen. Dies wiederum korrespondiert mit einer ähnlichen Hilflosigkeit der Erwachsenen, in der Konfrontation mit Krankheit und Tod.

Der Verdrängungsprozess wird damit eine für die Generationen zwingende und gleichzeitig verbindende Notwendigkeit. Die Flucht in die verharmlosende, aggressive Bilderwelt wird damit ein Bollwerk gegen Lebens- und Todesangst, womit sich Kinder wie Erwachsene in die Spirale der Mediensucht als Abwehr und Vermeidungsstrategie einklinken.

„Ich brauche meine Computerspiele täglich und oft kann ich am Nachmittag nichts anderes tun. Je mehr ich töten kann, desto besser fühle ich mich", so der 15-jährige Ingo.

132

In den vergangenen Jahren gab es vermehrt internationale Untersuchungen zum Thema Gewalt in den Medien. So ist bereits 1994 einem Bericht des Spiegels zu entnehmen: *„Die überwältigende Mehrheit der Studien, wie immer sie methodisch angelegt waren, zeigte, dass der Konsum von Fernsehgewalt aggressives Verhalten fördert, kurzfristig und langfristig."* (Spiegel 3/94) Bereits damals wurde festgestellt, was heute in immer bedrohlicherem Ausmaß in den USA und in Europa zum Problem wird: Die niedrige Hemmschwelle im Umgang mit Gewalt, die Neigung der Kinder, bereits bei nichtigen Anlässen zu Waffen zu greifen, um ihren Gefühlen von Neid, Rivalität und hilfloser Aggression Nachdruck zu verleihen.

Parallel zur Negativfunktion dieser Medien, die als zentrale Erzieher in den Vordergrund rücken, wirkt sich auch die Aggression in familiären Beziehungen immer katastrophaler aus: Hier ist alles an der Tagesordnung, von anhaltendem Streit, von Auseinandersetzungen, denen nur sehr selten Versöhnung oder kompromissbereite Verhandlungen folgen, bis hin zum Missbrauch. Viel zu wenig wird den Kindern vorgelebt, wie Streit und Spannungen in Beziehungen positiv gelöst und bearbeitet werden können: Sie müssen beispielhaft erfahren, was es bedeutet, einen eigenen Standpunkt zu vertreten und gleichzeitig den des anderen wahrzunehmen und anschließend eine Beziehung zwischen dem Standpunkt des anderen und der eigenen Position herzustellen und an fairen Kompromisslösungen zu arbeiten. Nie hat nur eine Seite recht.

In einer entwickelten „Streitkultur" gibt es nicht Sieger und Verlierer, sondern die Chance, die eigene Position kritisch zu prüfen und sich, statt auf seinem scheinbaren Recht zu beharren, auf eine Lösung einzulassen, die auch die Perspektive des anderen gleichberechtigt mit einbezieht. Die Wirklichkeit sieht anders aus: Wechselseitige Vorwürfe, Anklagen, rechthaberische Verteidigung der Legitimität eigenen Tuns, wortloser Rückzug, Überdruss, Beleidigtsein und Kündigung der Beziehung sind an der Tagesordnung. *„Ich habe mir überlegt"*, so eine 38-jährige Mutter von zwei Kindern im Kindergartenalter, *„was mir dieser Mann noch bringt. Ich habe einfach keine Lust mehr auf diesen kindlichen Egozentriker, der, wenn ich ihn um Mithilfe bitte, Arbeit vorschützt, wenn ich ihm meine Enttäuschung präsentiere, sich beleidigt zurückzieht oder eine aggressive Gegenoffensive startet. Ich habe meinen Job, hinsichtlich der Kinder bin ich sowieso alleinerziehend, was soll's. Ohne ihn geht es mir einfach besser."*

Es scheint sich nicht zu lohnen, sich wechselseitig auf die Fühlebene des anderen einzulassen. Hierzu brauchte es Zeit, Ruhe und Gelassenheit, Faktoren, die heute für die Pflege einer Beziehung zumeist nicht mehr eingesetzt werden. Ist Partner oder Partnerin nach gewisser Zeit wie Blattgold abgegriffen, breitet sich Lustlosigkeit und Langeweile aus, man kündigt und versucht ein neues Glück (vgl. Bruckner 2001). Die Frage nach Bedürfnissen und Notwendigkeiten der Kinder wird nicht weiter erörtert.

Nicht nur die äußerlich sichtbaren Trennungserfahrungen wirken sich auf das seelische Wohl eines Kindes belastend aus, auch die unterschwelligen Spannungen in der Familie, die nicht ausgetragen, sondern unter dem Deckmantel der Harmonie versteckt werden, bewirken eine Belastung, die umso schwerer wiegt, als äußerlich nichts an die Oberfläche kommt.

Ein auf den achtjährigen Sohn liebevoll bezogenes Paar stellte ihn mir wegen depressiver Verstimmungen, Passivität und fehlender Eigeninitiative in der Schule vor. Erst allmählich wurde in der Arbeit mit den Eltern deutlich, dass der Sohn nicht nur im Aussehen, sondern auch im Verhalten ein Abbild des Vaters war. Die Mutter hatte gegenüber dem Ehemann massive Affekte, wagte diese aber nicht zum Ausdruck zu bringen, um die Partnerschaft nicht zu gefährden. Ihre unterschwellige Enttäuschungswut verarbeitete sie mit Überaktivität. Sie war berufstätig, fühlte sich für die Erziehung und Betreuung beider Kinder allein zuständig, organisierte den Haushalt und glaubte sich verpflichtet, den Kindern die depressiven Verstimmungen „schön zu reden". Ihr aus ihrer anerzogenen sozialen Haltung resultierendes Verständnis für die passiv-resignative Lebenseinstellung ihres Mannes hinderte sie an jeglicher Auseinandersetzung. Nach außen waren sie ein liebevolles harmonisches Paar.

Das Verhalten des Jungen wurde zum Stein des Anstoßes, an dem sich das unterschwellige Beziehungsdrama offenbarte. Nun konnte ein konstruktives Umdenken erfolgen. Aus der Polarisierung aktive Frau - passiver Mann entwikkelte sich ein Ausgleich. Die Frau wagte mehr zu fordern, sich ein Stück weit aus ihrem Verpflichtungsdenken zu lösen, sodass der Vater anfing, seine Ressourcen zu mobilisieren und damit für den Jungen ein anderes männliches Vorbild vorlebte. So konnten sich die Schwierigkeiten des Jungen über eine Klärung der Familienstrukturen auflösen. Der Preis, den die Eltern bezahlen mussten, war der Verzicht auf den Mythos einer beständigen Harmonie, die jedoch auf Sand gebaut war. Zum Ende der Arbeit konnten sie sagen, dass sie mit einem lachenden und einem weinenden Auge neue Formen der Kommunikation in der Familie wagen würden, aber das lachende Auge würde überwiegen.

Eine Hilfe, sich aus einem familiären Spannungsfeld herauszulösen, ist das Einüben von Sozialkontakten. In jeder Familie gibt es Schwierigkeiten, und wenn man sich einer Festung gleich von der Außenwelt hermetisch abschottet, sind keine Alternativen, die Lösung und Befreiung bieten können, möglich. Die Kinder lernen, Außenkontakten zu misstrauen, nicht selten aus der Befürchtung, damit Familiengeheimnisse, die verdeckt bleiben sollten, preiszugeben. Und welche Familie hat nicht irgendwelche „Leichen im Keller." Es entlastet, wenn man mit Wilhelm Busch entdeckt, „dass ausser mir noch andere Kälber auf der Wiese weiden!" (Busch 2008, S.87)

Kinder spiegeln Eltern

Alle Erwachsenen waren einmal Kinder. Das ist selbstverständlich, heißt aber auch, dass alle Erwachsenen durch ihre Eltern und Erzieher geprägt wurden und diese Engramme ein ganzes Leben wirksam sein können. Die individuelle Geschichte kritisch zu betrachten und zu wissen, dass die Erfahrungen der eigenen Kindheit Folgen haben, bereits das kann den Prozess einer hilfreichen Innenschau unterstützen. Es braucht Mut, die Wahrheit der eigenen, häufig negativen Früherfahrungen und den damit verbundenen Schmerz anzunehmen.

Ein Elternpaar kam mit einem acht Wochen alten „Schreibaby" in meine Praxis. Vor allem der Vater erklärte, er fühle sich angesichts des ständigen Schreiens so hilflos, dass er inzwischen an sich halten müsse, um das Kind nicht mit Gewalt zum Verstummen zu bringen. Auf meine Frage, ob er sich an diesen Zustand der Hilflosigkeit aus seiner Kindheit erinnern könne, berichtete er spontan zwei Beispiele: Einmal sei er als etwa Sechsjähriger nach Hause gekommen. Der Vater habe die Tür geöffnet und ihm rechts und links eine Ohrfeige gegeben. Er war völlig hilflos und verzweifelt, weil er den Grund nicht wusste. Ein anderes Mal war er aufgrund einer Missetat, die er nicht mehr erinnerte, im Schlafanzug vor die Wohnungstür gestellt worden. Die Mutter rief durch die verschlossene Tür, er könne gehen, wohin er wolle, sie habe genug von ihm. Daraufhin machte sich der Junge auf den Weg nach draußen. Wenig später lief die Mutter ihm nach, schimpfte, wie er nur so leicht bekleidet nach draußen gehen könne, und prügelte ihn.

Es konnte dem Vater deutlich gemacht werden, dass offensichtlich das Schreien seines Kindes diese eigene kindliche Ohnmachtssituation reaktivierte und bei ihm zusätzlich Gewalt als „Lösungsmittel" ver-innerlicht war. Daraufhin nahm der Vater sein Kind in den Arm, wiegte es und konnte der Aufforderung nachkommen, ihm Kinderlieder vorzusingen. Der alte Film, der sich über die Realität gelegt hatte, verlor seine Wirksamkeit. Der Vater konnte sich auf seine Väterlich-keit besinnen und das Kind hörte auf, zu schreien.

Mut zu liebevoller Nähe und kritischer Distanz

Kinder brauchen Nähe, Wärme und Geborgenheit, nicht nur als Kleinkinder, sondern gerade auch während ihres Heranwachsens zum Jugendlichen. Hierbei müssen wir jedoch zwischen den Bedürfnissen der Kinder und den eigenen sehr genau unterscheiden.

„Meine Oma, die will immer küssen", beklagte sich ein Zehnähriger. „Dabei ist das immer so eine Art schleimig und manchmal riecht sie auch ein bisschen alt. Aber wenn ich ihr das sage, ist sie beleidigt."

Was für kleine Kinder selbstverständlich ist, kann für größere „echt peinlich" sein. Da genügt als Signal für den Zehnjährigen, ihm über die Haare zu streichen, natürlich mit der gebotenen Vorsicht, wenn sie gegelt sind. Tauscht ein Jugendlicher mit einem Erwachsenen einen offenen Handschlag, ist das ein hoher Vertrauensbeweis und steht für die Erfahrung einer sicheren Beziehung.

Kinder suchen gleichermaßen nach Distanz vom bestimmenden Erwachsenen. Nur über die Wahrung eines liebevollen, gleichzeitig respektvollen Abstandes ist eine angemessene Autonomieentwicklung möglich. Kritik soll jedoch immer als Ausdruck von Interesse am Kind verstanden und nicht zu einem besserwisserischen Korrigieren werden, das schnell zur lieblosen Machtausübung werden kann.

Reflexion eigener Möglichkeiten und Grenzen

Erziehung zum Selbstbewusstsein ist nie ein isolierter, einseitiger Vorgang, sondern muss immer auch eigenes Gewordensein, die eigenen Möglichkeiten und Grenzen mit einbeziehen. Die sind naturgemäß individuell verschieden. Darum ist das richtige Maß von Aktivität und Passivität immer in der eigenen Person zu finden. Die guten Ratschläge von Nachbarn, Schwiegermüttern und Tanten sind immer zu relativieren und mit den eigenen Möglichkeiten abzugleichen. Häufig liegt die Toleranzschwelle nicht bei beiden Partnern am gleichen Punkt, sodass sich innerfamiliär ein harmonischer Ausgleich ergeben kann. Das allerdings nur, wenn der andere nicht entwertet, sondern in seiner Wahrnehmung geachtet wird. Unterschiedliche Erziehungsstile sind nicht in jedem Fall eine Katastrophe, sondern können erweiterte Perspektiven für das Kind und die Familie bedeuten. Allerdings sollten sie von den Eltern reflektiert und diskutiert werden, ohne Anspruch, dass es nur eine Möglichkeit gibt, „richtig" zu erziehen.

In einer offenen Auseinandersetzung bei gleichzeitiger Reflexion wird sich immer wieder zeigen, in wie starkem Maße die eigene Erziehung prägend war, selbst wenn man sich als Kind und Heranwachsender geschworen hat, sich anders, besser zu verhalten.

So berichtete eine Mutter: *„Ich hatte eine sehr dominante Mutter, die alles besser wusste. Wir hatten keine Chance, unsere Meinung zur Geltung zu bringen. Das Schlimmste war, dass all ihre Argumentationen mit so polaren Äußerungen endeten wie „Ich mein es doch nur gut mit euch." Oder „Ihr seid der letzte Nagel zu meinem Sarg!" Mein Bruder und ich waren uns einig, dass wir nie auf diese herrschsüchtige Art mit unseren Kindern umgehen würden. Und dann hörte ich mir neulich zu und glaubte zu meinem Entsetzen, die Stimme und die Worte meiner Mutter zu hören. "*

In der Antwort auf die erlebte und häufig erlittene Erziehung sind zwei Haltungen zu beobachten. Entweder man fühlte sich ausschließlich ohnmächtig angesichts der überlegenen und autoritär agierenden Eltern und verarbeitet diese Unterlegenheit der eigenen Kindheitserfahrung dadurch, dass man als Eltern endlich mächtig ist und nun die Kinder wider besseres Wissen ähnlich behandelt, wie sich einst die eigenen Eltern verhalten haben. Nicht selten wird dieses Tun noch rationalisiert, indem behauptet wird: „Uns hat es nicht geschadet, wir sind doch auch etwas geworden." Damit bleibt man jedoch unbewusst in der Kindrolle stecken, verzichtet auf kritische Reflexion, damit auch auf eine mögliche Korrektur, und anerkennt das elterliche Tun als richtungweisend.

Die andere Möglichkeit ist die ebenso unreflektierte Verwöhnung nach dem Motto „mein Kind soll es besser haben". Dieses Besser-Haben hat jedoch nicht wirklich das Wohl des Kindes zum Ziel, sondern antwortet auf die eigenen Erfahrungen. Die Eltern sehen in diesem Augenblick die eigene leidvolle Erfahrung und behandeln im Kind das eigene lieblose Kindsein. So wird wieder das Kind nicht als eigenständiges Gegenüber gesehen, das es verantwortungsvoll zu begleiten gilt. Stattdessen wird an ihm kompensiert, was als eigenes Schicksal der Vergangenheit angehört.

Die unbewältigten „Altlasten" der Eltern schaffen unbewusste loyale Bindungen und Abhängigkeiten. Zukunftsperspektiven sind nicht mehr Ausdruck individueller Möglichkeiten, sondern gleichen bereits vor der Beladung überfrachteten Fahrzeugen. Alltagsbelastungen führen so vor dem Hintergrund familiärer Hypothesen zu nicht trag-

baren Frustrationen statt zum Impulsgeber für eigenständige Lebensgestaltung.

Der Umgang mit Werten

Statt den Kindern einen positiven Aufbau des eigenen
Wertgefühls durch Anerkennung und Bestätigung zu erleichtern, wird Erziehung häufig zum Kampfplatz. Wir
sind in der Gefahr, unentwegt Noten zu verteilen und
damit uns selbst die Fähigkeit zur wertneutralen Wahrnehmung zu erschweren. Ein Kind – und nicht nur es – möchte
zunächst auf dem Hintergrund einer liebevollen Beziehung
angeschaut werden. Sein Bemühen um ein „wertvolles"
Verhalten ist wichtiger als der pädagogische Hinweis auf
ein mögliches Scheitern und den damit verbundenen Miss-
erfolg. Für Kinder ist es ein primäres Bedürfnis, den Eltern
etwas zuliebe zu tun. Sie interessieren sich für Forderungen
und Lernimpulse, wenn auch das Lehrverhalten in Kindergarten und Schule von einer bezogenen Autorität angeboten wird.

Gibt es noch Werte, die unseren Kindern heute als tragend
vermittelt werden können, und, wenn ja, wie können diese
praktisch aussehen?

Überall wird vom „Verfall der Werte" gesprochen. So brei-
ten sich Unbehagen und Zweifel aus. Werte können zwar
nicht verschwinden, aber sie können in ihrer Bedeutung zu
wenig wertgeschätzt werden. Eltern und Erzieher müssen
sich fragen, ob sie wertorientiert erziehen und ihrerseits
den Wert einer vertrauensvollen und wahrhaftigen Beziehung ernst nehmen. Kinder wollen in ihrer Unbestech-
lichkeit überzeugend vorgelebt bekommen, dass es Werte

gibt, für deren Wertschätzung es sich lohnt, zu kämpfen. Es sind zumeist jene Inhalte, die nicht in klingende Münze umgesetzt werden können: Freundlichkeit, Kamerad- schaftlichkeit, Respekt vor allem Lebendigen, Gemüt und Gefühl, ein Bezug zum musisch-künstlerischen Bereich, Literatur, Wissen und Bildung.

Wo werden heute noch ernsthaft Musik und das Spielen eines Instrumentes als Wert in die Tat umgesetzt?

Die Auseinandersetzung mit der Musik ist etwas anderes, als Musik zu konsumieren. Das Besuchen von Ausstel- lungen und die innere Annäherung an gestalterisches Tun ist das eine, der Weg in die eigene Kreativität, gleichgültig auf welchem Niveau, das andere.

Die Förderung von Intellekt, Gemüt und handwerklich- künstlerischem Tun ist ein zentrales Anliegen pädagogi- schen Tuns in der praktischen Verwirklichung von Werten. Damit werden Interessen geweckt, Begabungen unterstützt und der Respekt gegenüber jenen gefördert, die sich zu einer Persönlichkeit entwickelt und damit Vorbildcharakter haben. Diskussion und Auseinandersetzung kann als Wert der Eigenständigkeit und inneren Unabhängigkeit das Spektrum erweitern. Zusammenfassend reicht das Spek- trum von der Ich-Entwicklung zur Selbstfindung und von der Du-Wahrnehmung zum sozialen Engagement. Vor allem sollte der andere nicht nach dem eigenen Bild be- wertet und entwertet werden.

Die Betonung dieser Beziehungswerte, ihre behutsame Förderung, kostet Zeit. Und Zeit ist der höchste Wert, den wir besitzen. Sind wir bereit, in die Beziehung zu unseren Kindern Zeit zu investieren, mit ihnen sinnvolle Zeitab- läufe zu gestalten? Sind wir noch in der Lage zu einem spielerischen Umgang mit uns selbst und mit unseren Kindern? Verstehen wir noch den Gehalt des Schiller-Wortes: „Der Mensch [...] ist nur ganz Mensch, wo er spielt" (zit. nach Harenberg 1997, S.1127)?

Hier schliesst sich die Frage an, ob respektvolle Erziehung, die im Kind eine eigene Persönlichkeit sieht, zur Überforderung und damit zum Zweifel am eigenen Wert führt oder ob der Impuls zu eigenem Tun das Selbstwertgefühl stärkt?

Es ist zwischenzeitlich eine deutliche Werteverschiebung zugunsten materieller und materialistischer Perspektiven zu beobachten. Das hat viel mit zunehmenden Ängsten angesichts realer oder befürchteter Verarmung zu tun. Kinder brauchen jedoch immaterielle Werte, die Eltern überzeugend vorleben und dies sind zunächst Offenheit und Ehrlichkeit.

„Sag am Telefon, dass ich nicht da bin", verkündet die Mutter, während sie auf der Toilette verschwindet. Ein Familienessen im Restaurant wird vom Vater beim Finanzamt als *„Bewirtung von Geschäftskollegen"* deklariert, eine Unwahrheit wird zur „Notlüge".

Kann man dazu stehen, wenn einem seitens eines Kindes gesagt wird: *„Warum stöhnst du und verdrehst die Augen, wenn das Telefon klingelt, und bist dann katzenfreundlich?"* – eine Beobachtung, mit der mich eine forsche Sechsjährige konfrontierte.

Wertorientiertes Vorbild sein heißt aber auch, Menschen ihren Wert zuzugestehen. Wie oft wird ein Mensch im Gespräch verdammt, weil er nicht der gleichen Meinung ist, wie häufig über Klatsch entwertet, um sich selbst scheinbar aufzuwerten. Wie verarbeitet ein Kind in seinem Wertesystem die vielen kleineren und größeren Nadelstiche gegenüber seiner eigenen Person, der des Nachbarn, der Institutionen und der Gesellschaft? *„Das sind alles Lügner und Betrüger, die gehören aufgehängt"*, so die Aussage eines 16-Jährigen, der mit diesem Pauschalurteil alle Manager und Politiker in einen verachtenswerten Topf warf. *„So redet mein Papa auch!"* fügte er ergänzend hinzu.

Welche Werte wir schätzen, welche wir vorleben, hängt immer mit der eigenen Prägung, dem eigenen Lebensentwurf zusammen. Dabei dominiert jedoch gegenwärtig immer stärker ein äußerlich sichtbarer, materiell bestimmter Aspekt: Bei der Vorbildsuche von Kindern und Jugendlichen stehen Stars der Leinwand, Sportler, Models im Vordergrund; Größen, die mit ihrem Aussehen beeindrucken oder viel Geld „gemacht" haben. Menschen, die sich sozial engagieren, Werte der Bildung vertreten, Liebe zu anderen und zu sich selbst in den Mittelpunkt ihres Erlebens stellen, wird geringere Beachtung geschenkt. Eine religiöse Ausrichtung gar gehört meist zu den „alten Hüten", die „nichts bringen".

Es liegt an uns Eltern und Erziehern, ob wir Vorbilder, die immaterielle Werte vertreten, Bedeutung einräumen und sie in ihrer Biografie, ihrer Persönlichkeit und ihren Taten Kindern nahe bringen. Immer wieder schließt sich auch die Frage nach der eigenen Haltung an. Was leben wir vor, wo liegt für uns der Schwerpunkt der Lebensgestaltung, in wieweit lassen wir uns von vordergründigem Erfolgsstreben und Karrieredenken bestimmen?

Weil für viele Erwachsene eine eng damit zusammenhängende Sinnfrage nicht mehr positiv zu beantworten ist, werden Kinder immer mehr dazu missbraucht, dem eigenen Leben Sinn zu vermitteln. Damit werden Kinder mit einer eigenen, etwas anders gelagerten Bedürftigkeit überfrachtet. Ihr Tun, ihr Erfolg, ihre Attraktivität werden Ziel für die eigene, uneingestandene Bedürftigkeit. Umso tiefer ist die Enttäuschung, wenn diese Sinnstifter an der emotionalen Überforderung scheitern und zu passiven Drohnen der Gesellschaft werden. Die Gesellschaft bekommt damit das zurück, was sie in ihrer zunehmend einseitigen Werteordnung vermittelt: Denn „der Mensch lebt nicht vom Brot allein." (Die Bibel, Math. 4,4)

Erziehung, ein lebenslanger Beziehungsprozess

Vom feinfühligen Erspüren der Bedürfnisse in der Säuglingszeit, über ein Anerkennen der ersten autonomen Strebungen im Trotzalter bis zur selbstbewussten Abgrenzung – es ist immer eine Gratwanderung zwischen einem Zuviel und einem Zuwenig. Behüten und Geborgenheit geben, sich dem Kind zur Verfügung stellen ist für eine frühe Entwicklungsphase angemessen, passt jedoch nicht mehr, wenn ein Kind zur Eigenständigkeit fähig ist. Kann es z. B. eigenständig sitzen und einen Löffel handhaben, ist Füttern nicht mehr Regel, sondern Ausnahme. Kann es stabil und sicher laufen, ist ein Unterstützen dieser Fähigkeit über ein Laufrad sinnvoller als ein ständiges Tragen. Auf der anderen Seite ist die Frage nach den Wünschen und Bedürfnissen des Kindes nicht ausschließlich Richtschnur für elterliches Tun, sondern Ausdruck des Respekts vor einer sich entwickelnden Persönlichkeit. Erziehung soll nie heißen, die Verhältnisse gleichzumachen oder gar das Kind in die

Rolle der Autorität zu manövrieren. Letztlich wird jedoch immer die positive und bezogene Beziehung Indikator fürs Gelingen einer erzieherischen Begleitung des Kindes sein. Das kann am besten durch den nachfolgenden Mythos verdeutlicht werden.

Mythos: *Daidalos und Kokalos*
Nachdem Daidalos, der berühmte Erfinder, den Tod seines Sohnes lange betrauert hatte, suchte er auf Sizilien beim König Kokalos Zuflucht. Der kretische König Minos, der mit seinem Einfluss die Meere beherrschte, hatte lange nach dem berühmten Künstler gesucht. Dabei bediente er sich einer List: In allen Häfen verlangte er von den örtlichen Herrschern, sie sollten einen Faden durch eine spiralförmige Meeresmuschel ziehen. Niemand konnte die scheinbar unlösbare Aufgabe ausführen, bis Minos nach Sizilien kam. Kokalos jedoch gab Minos einen Tag später die von einem Faden durchzogene Muschel zurück. Minos schloss daraus, dass Daidalos hier Zuflucht gefunden hatte, denn nur er konnte in der Lage sein, die Aufgabe zu lösen. Kokalos hatte in der Tat dem Erfinder die Muschel gegeben und dieser hatte das Ende des Fadens an eine Ameise gebunden. Die verschlungenen Wege der Muschel dürften an das Labyrinth des Minotauros erinnert haben, das Theseus mit Hilfe des roten Fadens verlassen konnte. Die Ameise hatte auf ähnliche Weise den Ausgang gefunden haben.
Minos verlangte nun die Auslieferung des Daidalos, jedoch der sizilianische König weigerte sich. Minos zog gegen Kokalos zu Felde und wurde im Kampf getötet.

Im Grunde ist der Erziehungsprozess ähnlich zu sehen. Er verlangt kreative Einfälle, die der individuellen Gegebenheit des Kindes entsprechen. Er bedeutet Geduld und Ausdauer, wie sie im Mythos die Ameise symbolisiert, um den mühevollen Weg zu finden und zu absolvieren. Nicht nur ein, sondern viele Muscheln können zum Sinnbild werden für die Erziehungsaufgabe, die sich in den unterschiedlichen Schwellensituationen des Heranwachsens eines Kindes immer neu stellt. Sich dieser Aufgabe zur Verfügung zu stellen, das können Mythen als Botschaft auch den Erwachsenen vermitteln. Auf diese Weise werden Hoffnung und Zuversicht als positive Werte der Lebensgestaltung immer neu entfacht.

ANHANG

Literatur

Bly, Robert: Die Kindliche Gesellschaft. München, 1997.

Brisch, Karl Heinz: Bindungsstörungen. Stuttgart, 1999.

Brisch, K. H., Grossmann, K. E., Grossmann, K., Köhler, L., (Hg): Bindung und seelische Entwicklungswege. Stuttgart, 2005.

Bruckner, Pascal: Verdammt zum Glück. Berlin, 2001.

Bürger, Gottfried August: Münchhausens unglaubliche Abenteuer. Bayreuth, 1980.

Busch, Wilhelm: Spruchweisheiten und Gedichte – Kritik des Herzens. Renningen, 2008.

Clarus, Ingeborg: Odysseus – Wege und Umwege. Leinfelden-Echterdingen, 1997.

Die Zeit vom 12.08.2004 (http://www.zeit.de/2004/34/N-Zitat_4)

Ebner-Eschenbach, Marie v.: Aphorismen. Stuttgart, 2002.

Edler, Ruth: Dauernd ist sie beleidigt – wie Töchter und Mütter gut durch die Pubertät kommen. Freiburg, 1998.

Egli, Hans: Das Schlangensymbol. Düsseldorf, 2003.

Ende, Michael: Jim Knopf und Lukas, der Lokomotivführer. Stuttgart, 1962.

Ende, Michael: Momo. Stuttgart-Wien, 1973.

Eschenbach, Ursula, (Hg): Das Symbol im therapeutischen Prozess. Fellbach, 1978.

Grimm, Jacob und Wilhelm: Kinder und Hausmärchen. Urfassung von 1812/1814, Lindau, o.J.

Grillparzer, Franz: Sämtliche Werke. Band 1, München, 1960–1965.

Heinemann, E., Hopf, H.: Psychische Störungen in Kindheit und Jugend. Stuttgart, 2001.

Homer, übersetzt von Voss, Johann Heinrich: Die Ilias. Stuttgart-Tübingen, 1847.

Homer, übersetzt von Voss, Johann Heinrich: Die Odyssee. Stuttgart-Tübingen, 1847.

Hoffmann, Heinrich: Der Struwwelpeter. Berlin, 1994.

Hopf, Hans: Aggression. Göttingen, 1999.

Hüther, Gerald: Die Macht der inneren Bilder. Göttingen, 2005.

Hüther, Gerald: Wie aus Stress Gefühle werden. Göttingen, 2006.

Jung, C.G.: Symbole der Wandlung. Ges. Werke Bd. 5. Olten, 1973.

Kierkegaard, Sören: Der Begriff Angst. Hamburg, 1984.

Lutz, Christiane: Psychologisches Wissen im Märchen. Leinfelden-Echterdingen, 1988.

Lutz, Christiane: Jeder ist Herakles. Leinfelden-Echterdingen, 1997.

Lutz, Christiane: Mann-Werden, Mann-Sein – Das Männliche im Märchen. Königsfurt, 2001.

Lutz, Christiane: Ich krieg die Krise. Freiburg, 2002.

Neuburger, Paul (Hg): Kinder und Hausmärchen der Gebrüder Grimm. Berlin-Leipzig, o.J..

Pflüger, Peter Michael (Hg): Neid, Eifersucht, Rivalität – Vom konstruktiven Umgang mit dem Bösen. Fellbach, 1988.

Postman, Neil: Die Verweigerung der Hörigkeit. Frankfurt, 1988.

Postman, Neil: Keine Götter mehr. Berlin, 1995.

Postman, Neil: Die zweite Aufklärung. Berlin, 1999.

Riemann, Fritz: Grundformen der Angst. München, 1976.

Rogge, Jan Uwe: Kinder brauchen Grenzen. Bindlach, 2003.

Schulz, Ursula (Hg): Angst, Schrei nach Leben. Waiblingen, 1997.

Spitzer, Manfred: Lernen – Gehirnforschung und die Schule des Lebens. Heidelberg, 2002.

Spitzer, Manfred: Vorsicht Bildschirm. Stuttgart, 2005.

Watzlawick, Paul: Anleitung zum Unglücklichsein. München, 2009.

Lexika und Nachschlagewerke

Beigbeder, Oliver: Lexikon der Symbole. Würzburg, 1998.

Dobel, Richard (Hg): Lexikon der Goethe Zitate. Zürich - Stuttgart, 1968.

Grant, Michael und Hazel, John: Lexikon der antiken Mythen und Gestalten. München, 1973.

Harenberg: Lexikon der Sprichwörter und Zitate. Dortmund, 1997.

Hiltbrunner, Otto: Kleines Lexikon der Antike. Tübingen - Basel, 1995.

Howatson, M.C. (Hg): Reclams Lexikon der Antike. Stuttgart, 1996.

Lücke, Susanne / Lücke, Hans-K.: Anitke Mythologie. Hamburg 1999.

Schefold, Karl: Götter und Heldensagen der Griechen. München, 1993.

Tripp, Edward: Reclams Lexikon der Antiken Mythologie. Stuttgart, 1991.

Ziegler, Konrat. Sontheimer, Walther: Der Kleine Pauly – Lexikon der Antiken Mythologie. München, 1979.